Imagen en portada: *Le Boeuf écorché.* Rembrant.

DL ZA 41-2026
ISBN: 978-84-18885-67-9
http://www.edicionesinvasoras.com

Mi amor, mi matadero

IX PREMIO INTERNACIONAL DRAMATURGIA INVASORA
"LAURO OLMO"

Ruth Gutiérrez

“Una gota de tinta contiene una sólida reserva de cazadores”,
Wislawa Szymborska, *La alegría de escribir*

Te escribo desde lo alto de la Torre Montparnasse
porque ha vuelto a comenzar.
He empezado a verme a mí misma cayendo,
cayendo contra el asfalto a toda velocidad,
como si de pronto fuese una de todas esas personas
que saltaron desde las ventanas
el once de septiembre.
Quemaba tanto que tuvieron que saltar.
Yo siento que todo está en llamas,
que mi piel está en llamas
y duele tanto que necesito saltar.
Necesito dejar de sostener el peso con mis piernas,
como si de golpe tuviera que dejarlo ir,
dejar ir todo mi cuerpo.
Es entonces cuando me siento y te escribo.
Te escribo para no pensar en la ingravidez de mi propio
cuerpo cayendo al vacío.
Te escribo con toda la ternura del mundo concentrada en la
punta de mis dedos,
enhebrando lentamente la sílaba que dibujo a la siguiente,
como si quisiera mecer las palabras,
como si de esa manera las retuviera en el papel
y cada trazo me retuviera a mí a esta silla.
Voy rellenando el vacío y el tiempo con ellas,
una y otra vez,
inútilmente,
el mismo vacío en el que querría perderme
para ser dibujada con la misma ternura que te escribo.

Te escribo cada vez desde lugares más altos,
cada vez más cerca del cielo,
a pesar de que me tengo prohibido ir a ciertos sitios en las
ciudades cuando comienza.
No confío en que pueda controlar las ganas de dejarme ir.
Rascacielos, torres, puentes.
Todos esos lugares a los que van los enamorados,
a los que van caminando de la mano ajenos a todo,
ajenos a mí,

a este dolor,
al dolor del mundo.
Se paran en mitad de un puente
creyendo genuinamente en el amor eterno,
creyéndose tan eternos como el candado que lleva escrito sus nombres.
Se besan de noche sobre el Sena
cuando el barco pasa debajo del puente.
Suben a la Torre Eiffel para prometer amarse
en lo bueno y en lo malo.
Ahora mismo hay un chico declarándose en lo alto de la Torre Montparnasse, con las mejores vistas de todo París,
mientras yo te escribo para no pensar en mi cuerpo
cayendo al vacío.
Se miran de una manera que me atraviesa por dentro.
Parece que encontraran en el otro
todo lo esencial de la vida.
Y pienso si alguna vez me miraste así.
Si alguna vez pensaste que yo era
todo lo esencial de la vida para ti.
Y después pienso en el alivio de saber que no puedes mirarme ahora
porque nunca he estado tan ausente
de todo lo esencial de la vida.
Es como si cada parte de mi cuerpo caminara
hacia direcciones opuestas,
como si cada parte de mi cuerpo estuviese
en diferentes lugares del mundo,
desperdigadas,
desconectadas,
y ya mis brazos, mis piernas, mi pecho, mi vientre
no estuviesen aquí,
aunque yo siga aquí, en esta silla, escribiéndote.
Y ese miedo me hace escribirte y descender.

Camino lo más lejos del cielo que puedo,
pegando mis pies al suelo, que imagino es tu espalda.
Atravieso los Champs-Élysées, la Tuilerie, Père-Lachaise.
No dejo de caminar ni un segundo,
como ese chico,

el extranjero, el extranjero de Koltès,
empapado bajo la lluvia
con la humedad entrando hasta los huesos,
el rostro mojado,
goteando,
sin dejar de deambular de un lado a otro en plena noche,
buscando un poco de compañía,
suplicando un poco de compañía.
Yo también camino sintiendo dentro la misma soledad.
Gritaría, como él, a todo el que me cruzara:
"Eh, no me dejes sola,
habla conmigo esta noche, por favor".
Escribiría en cada puente:
"Te quiero. Te quiero. Te quiero".
Igual que él, en cada puente,
esperando que alguien lo leyera y viniera a buscarme.
Y hubiera sido hermoso,
de una belleza descomunal,
haber amanecido con un "Te quiero"
en cada puente de la ciudad después de aquella noche,
en cada puente donde una vez caminé contigo de la mano
creyendo que por primera vez tenía
todo lo esencial de la vida.
Cambiar la soledad de siempre y el miedo de aquella noche
por un "Te quiero",
como si estuviera permitido,
más que nunca, creer en el amor.

Ahora por cada sitio que camino imagino que leo nuestros
nombres en un candado.
Imagino que en cada puente hay escrito
"Te quiero. Te quiero. Te quiero".
Imagino que soy tan feliz como todos los enamorados que
me cruzo en los lugares más altos de la ciudad.
Imagino que aquella noche nunca pasó.
Y que el amor no está constantemente muriendo,
una y otra vez,
inútilmente,
muriendo tanto como muere el mundo,
como muero yo con él.

Escribo tu muerte desde los lugares más altos,
desde los lugares más cercanos al cielo.
Y es cuando siento todo aquí dentro arder,
que mi cuerpo es una bomba a punto de estallar,
que mis manos, mis piernas, mi pecho, mi vientre
son una amenaza nuclear.
Que serán el puto Hiroshima si pienso en ti un minuto más.
Y pensar en ti me hace inclinar aún más mi cuerpo
hacia el vacío.
Y es entonces cuando me pregunto
si no fui yo quien hizo arder todo aquella noche.

TESEO: Veo, veo.

DOG FACE: No soy una niña.

TESEO: ¿No puedes dejar de ser aburrida ni un puto segundo?

Silencio.

Esta vez puede incluso que ganes.

Silencio.

DOG FACE: Veo... veo un hombre... un hombre que duerme en un portal bajo una manta roja.

TESEO: ¿Crees que duerme o que está muerto?

DOG FACE: Llevo toda la noche mirándolo
a través de la ventana.
Todavía no se ha movido.
Ni un solo movimiento, algo pequeño, que se gire
sobre sí mismo... solo para tener la certeza de que
sigue con vida.

TESEO: ¿De verdad me vas a hacer el numerito de la preocupada?
No lo aguanto.
Esta noche no.
Ni siquiera has bajado para comprobar
si está vivo o muerto.
Ese hijo de puta podría morir ahí mismo,
en mitad de la noche,
envuelto en esa manta roja de mierda,
oliendo a meados...
y tú sigues aquí.
¿Te da miedo acercarte?
¿Asco?

¿O simplemente te da igual?
No te sientas mal.
Si está muerto, a nadie en esta ciudad le importa.
Nadie va a reclamar su cuerpo.
Seguiría ahí tirado durante días,
como esos perros callejeros que aparecen muertos y solo llamas para que quiten el cuerpo de tu vista,
para que no moleste y no resulte desagradable.

DOG FACE: Yo lo echaría de menos.
Canta todos los días en la parada de Montmartre.
Siempre Purcell.
Suena distorsionado por el eco del metro.
A veces parece que su voz me persigue a través de los túneles.
Y me entran unas ganas muy fuertes de llorar,
como si su tristeza fuese humedeciendo
el aire del subterráneo
y todo se volviese más denso.
Después le vuelvo a ver.
Le veo, desde la ventana, subiendo cada noche
la Rue Le Pic
hasta lo más alto con dos bolsas a cada hombro.
Es como si me regalara un vía crucis solo para mí.
Me pregunto cómo alguien con esa voz puede acabar así.

TESEO: Parece una puta broma.

DOG FACE: ¿El qué?

TESEO: Que él siga vivo y no los otros.

DOG FACE: ¿Crees que alguien le llamó?
Aquella noche...
¿Crees que alguien le llamó para asegurarse de que estaba bien?

TESEO: Haces preguntas tontas.
Lo que preguntas son tonterías.

DOG FACE: Quizá alguien pensó en él...
alguien que lo amara de antes...
de cuando era... algo más que esto.

TESEO: Me aburres.
Me aburres de la hostia.
Tu conversación es de las cosas más aburridas.
¿Quién va a llamar a alguien que no tiene a nadie en el mundo?
¿Alguien en quien nadie repara si está muerto en la calle?
Tendría que haber muerto él.
La gente como él, la basura como él,
desinfectar las calles de una vez...
Su muerte es una muerte menos trágica,
menos profunda que la de esos chicos.
Incluso necesaria.
El mundo seguiría igual.
O mejor, más ligero, más libre de cargas, de escoria.
Pero murieron todos aquellos chicos,
con toda la vida por delante,
con gente que se preocupaba por ellos.

DOG FACE: Eso no significa nada.
Que te amen, que tengas un futuro prometedor o que seas una escoria humana.
No significa nada.
Un tiroteo o una muerte insignificante,
como la de ese hombre,
como la de ella.
Todo vuelve una y otra vez,
inútilmente,
a su estado natural, a lo cotidiano,
de una forma patética y grotesca.
Porque no significa nada.
Porque vivir no significa nada
y morir significa todavía menos.

Silencio.

TESEO: ¿Por qué elegiste Jerusalén después de aquella noche?

Silencio.

¿Te abrió la puerta alguien aquella noche?

Silencio.

Me juego el puto cuello a que nadie le abrió la puerta a ese cabrón. En la televisión se veía cómo todos abrieron sus puertas. Todos aprovechando la ocasión para hacerse los buenos samaritanos.
"Venid a mi casa".
"No caminéis solos esta noche".
"Protejámonos del horror".
Hipócritas...

DOG FACE: El problema es que ya estaba dentro.

TESEO: ¿El qué? ¿De qué hablas?

DOG FACE: El horror...

TESEO: Horror es lo que hicieron aquella noche.

DOG FACE: Ya estaba dentro.
¿Te acuerdas de aquella película *Canino*?
Con esa violencia que daban ganas de vomitar, tan repulsiva...

TESEO: Recuerdo cómo mataban a aquel gato esos putos zumbados.
Perturbadora, perturbadora de cojones.

DOG FACE: Aquellos tres hermanos encerrados entre aquellos muros, instruidos como perros.
Siempre al borde del incesto,

del asesinato,
de la locura.
Creían que era una amenaza, el gato, ¿entiendes?
Y lo matan a golpes, a sangre fría... porque debían protegerse de la amenaza.

TESEO: La educación no es suficiente.
La educación no vale una puta mierda.
El instinto es lo que vale.
El instinto se impone a la educación.
Las ganas de matar, de ser violento.
Reprimirlo solo es peor.

DOG FACE: Y viene esa chica del exterior, esa prostituta...
para calmar el instinto del hermano.
Porque ellas, las hermanas, no tienen esa clase de deseo.
Ellas nadan en la piscina en bañador.
Juegan al tenis en el jardín en pantalón corto ajenas al deseo violento de su hermano.

TESEO: ¿Las viola? ¿A las hermanas?

DOG FACE: No.

TESEO: Es por la prostituta.
¿Cuánto tiempo crees que hubiera aguantado sin esa prostituta?

DOG FACE: "Zombie", les dice el padre, es una flor amarilla y blanca.
"Mar" es una silla de cuero, les dice.
"Excursión" es el camino que pisas.
Un nuevo lenguaje sin violencia.
Un nuevo mundo sin violencia,
como si la vida no fuera importante allí
y nada de lo que pudiera pasar,
por muy terrible o hermoso que fuera,
pudiera alcanzarles.
Y aun así no pueden escapar de la violencia.

Porque la violencia ya estaba dentro.
Ya estaba dentro de esos muros.
Ya estaba dentro de ellos, como aquella noche.
No importa la amenaza... ni el miedo.
No importa si están en la calle o encerrados en sus casas escondiéndose del horror.
Antes o después de los tiroteos.
Todo ya estaba dentro.
Solo hacía falta esperar a que saliera.
A que saliera toda esa violencia.
Porque siempre sale.

TESEO: Te lo estoy diciendo.
Reprimirlo solo es peor.
Solo hace que salga con más fuerza.

Silencio.

¿Te llamó alguien aquella noche?

DOG FACE: ¿Una llamada hubiera cambiado algo?

TESEO: Lo vi por la tele... los tiroteos...
Estaba en la cama con Mona.

DOG FACE: ¿Sabes lo que decían?
Aquella noche y los días siguientes.
"Ils sont des bêtes".
Son unas bestias, unos animales.

TESEO: No me gusta que me hables en francés.

DOG FACE: Como si la palabra "animal" les eximiera de toda culpa.

TESEO: Es que solo los animales son capaces de atrocidades así.
El hombre no es un puto animal.
Es justamente lo contrario.
Es la renuncia de lo animal.

Mira lo que somos, lo que hemos conseguido.
La civilización, la educación, la religión, la cultura, la economía, la familia.
No es propio del hombre salir a la calle y matar indiscriminadamente a cualquiera que se le cruce con esa sangre fría.
Solo un animal haría algo así.

DOG FACE: A Auschwitz llegaban en camiones, como el ganado.
Los trataban como animales para deshumanizarlos, para que su muerte fuese una muerte menos trágica, menos profunda.
La palabra animal les ayuda a separarse de la idea del hombre según su conveniencia.

TESEO: A veces se necesita la violencia.
Hay matanzas que se llevan a cabo por el bien común.
En nombre del bien, del bien común, de la democracia.
La guerra lleva al hombre de un estado salvaje a un estado organizado.
El hombre está dispuesto a matar para organizarse.
Desata una guerra para organizarse.
Porque a veces la violencia es la única respuesta.

DOG FACE: Es por la violencia.
Necesitan entender su propia violencia.
Justificar su propia violencia y separarse de ella.
Y la palabra animal les ayuda a hacerlo.
Las violaciones en grupo son perpetradas por manadas, no por hombres.

TESEO: Es la respuesta a mis problemas.
La violencia.
Es mi forma de comunicarme.
Es mi forma de estar en el mundo.
Que no te engañen diciendo que todo se puede conseguir por las buenas.

DOG FACE: Había un perro.
En Auschwitz.
Bobby.
Era el único que les reconocía como hombres en los campos,
que les devolvía la humanidad y les hacía sentir que no eran animales.
Un animal, que carece de todo,
de ética,
de moral,
que camina desnudo
sin nisiquiera saber que está desnudo,
era quien les hacía sentir humanos en aquel horror.

TESEO: Espera, espera, espera.
Cogieron a un pueblo entero y lo quemaron día y noche en hornos crematorios.
Gaseaban a más de tres mil personas al día
y tú te pones a hablar del puto perro.
Solo tú podrías hablar del puto perro.

DOG FACE: En otro lugar, en otro momento, Bobby no hubiera sido nada.
Nadie hubiera prestado atención a Bobby.
Nadie hubiera querido a Bobby ni lo hubieran cuidado.
Solo necesitaban a Bobby para llenarles un poco el corazón.

Silencio.

¿Y si yo soy como Bobby y nadie me quiere por lo que soy, sino por lo que les hago sentir?

Silencio.

No me llamaste.
Aquella noche.
Ni las noches siguientes.

¿Por qué nunca me llamaste?

Silencio.

TESEO: Mi nombre.
¿Sabes qué significa mi nombre?
Matador.
Significa MATADOR.

DOG FACE baila con fuerza en el centro de la pista. Música techno. Luces blancas que flashean en ráfagas intermitentes. En el suelo cuerpos inertes amontonados. Parecen mujeres. Solo son muñecas hinchables.

Estás matadora, mi niña.
Qué guapa eres.
Eres matadora.
No llores.
En esta casa no se llora.
En esta casa reímos.
Porque somos divertidos, hacemos bromas.
Nos reímos porque somos felices.
Nunca lloramos.
Nunca estás mal.
Nunca pasa nada.
Nunca hablamos de nada.
Aquí somos fuertes.
No nos gusta la gente débil.
La gente débil me enferma.
La gente débil me repugna.
No sirven para nada.
No me gustan tus lágrimas.
No me gusta tu debilidad.
No me gusta tu puta vulnerabilidad.
No llores.
No expreses tu sufrimiento.
Tu sufrimiento no es nada comparado con el sufrimiento de los hombres.
Ríete.
Somos felices.
Felices y fuertes.
Por encima de nosotros no hay nada.
Somos luchadores.
No nos afecta nada.
Y por eso no sentimos nada.
Y no nos decimos nada.
No decimos te quiero.

No nos tocamos.
No mostramos ni un poco de cariño.
Porque somos deficientes emocionales.
La fortaleza es nuestro signo de distinción.
Tu mierda de amor.
Tu mierda de necesidad de amor me pone de los nervios.
Y no me vengas con tu inteligencia.
Tú a mí no me miras por encima del hombro.
Sé humilde.
No ofendas a las inteligencias medianas.
No ofendas con tu inteligencia.
Sé servicial.
Sé sonriente.
Una sonrisa bobalicona, no una irónica.
Las tontitas caen bien a todo el mundo.
Sé bonita y coqueta.
Bien peinada.
Bien vestida.
Nada te afecta.
Nadie te importa.
Siempre estás bien.
Siempre estás perfecta.
Y, si no, lo finges.
Tú estás por encima de todo ese sufrimiento.
No hay nada tan importante como para que te afectc.
No hay nada que pueda alcanzarte.
Y, aunque lo haya, no lo demuestras.
No lo dices y tiras a matar.
Si me haces daño, tiro a matar.
Empiezo y no paro.
Tiro a matar.
Te arranco el corazón en un solo movimiento.
Soy un animal.
Soy un animal cuando se trata de amar.
Soy un animal cuando me hieren.
Me hieres y yo bailo.
No dejo de bailar.
Porque nada puede hacerme daño.

Porque soy fuerte.
Y feliz.
Y nunca me pasa nada.
Mi sufrimiento no es para tanto.
Mi sufrimiento no es nada.
A veces deseo tu muerte, pero bailo.
Me duele todo por dentro, pero bailo.
Deseo que no me hables nunca más.
Deseo gritarte que te odio.
Que me has jodido la vida, pero simplemente bailo.
Porque nunca me pasa nada.
Porque mi sufrimiento no es nada.
Bailo y olvido que todo lo que me rodea es asqueroso.
Bailo alrededor de oligofrénicos de mierda,
incapacitados emocionales,
inválidos.
La gente no quiere dejar de ser putos retrasados mentales.
No quieren dejar de comportarse como putos retrasados mentales.
Quieren ser idiotas.
Es más fácil jugar el papel de idiota.
Los idiotas no tienen responsabilidades ni remordimientos.
La fuerza de los idiotas no va hacia el exterior.
La fuerza del idiota va hacia dentro.
Se domina mejor al otro cuando la fuerza va hacia dentro.
Y por eso bailo.
Bailo para ignorar la estupidez.
Bailo para curar esta herida.
Bailo para callar la culpa.
Porque todo es mi culpa.
Tengo la culpa de tu sufrimiento.
Tengo la culpa de tu dolor.
De aquella vez que lloraste.
De tu soledad y tus complejos.
De que no sepas poner límites.
De tu fracaso.

Del fracaso de la humanidad.
De los tiroteos de aquella noche.
De la pandemia.
De Gaza, Ucrania y el puto cambio climático.
Todo es mi culpa, pero yo bailo.
Porque no me pasa nada.
Porque mi sufrimiento no es nada.
No debo sentir nada, solo bailar.
Bailar aquí, de esta forma, para ti.
Este es mi lugar en el mundo.
Y me acuesto con cualquiera,
con cualquiera que me preste un poco de atención.
Porque soy un animal.
Soy un animal y me adapto al medio.
Desarrollo mecanismos para sobrevivir
y por eso bailo.
Y por eso río y no lloro.
Por eso finjo que no siento nada.
Que mi sufrimiento no es nada.
Por eso te abandono antes de que tú lo hagas.
Es mi mecanismo.
No demostrar que siento.
Ni que sufro.
No demostrar que me puedes hacer daño.
Por encima de mí no hay nada.
Y por eso sobrevivo.
Por eso la gente que más has amado te recuerda por
el daño que les has hecho.
Porque no sabías demostrar amor.
Porque no estabas hecha para el amor.
Porque nadie te enseñó lo que era el amor.
Pero a ti se te salía por todas partes el amor.
Suplicabas amor y sin querer hacías daño.
Necesitabas tanto amor y sin querer hacías daño.
Porque ya te habían dañado primero
y entonces entrabas a matar.
Porque si me haces daño tiro a matar.
Empiezo y no paro.
Y ahora lo que recuerdan de ti es el dolor que les
causaste.

Les jodiste la vida para siempre.
Pero ríete.
Sé divertida.
Sé ingeniosa.
No llores y ríete.
Si te golpean, te defiendes.
No lloras.
La devuelves por dos.
Y la cabeza alta.
Hay que luchar.
Es el instinto.
Lo llevas dentro.
En esta vida nadie te regala nada.
Y por eso bailo.
Bailo hasta caer desfallecida por el agotamiento.
No puedo parar.
La música se descarga como metralla sobre mi cuerpo.
Es un tiroteo.
Cada extremidad se mueve como si me estuviera atravesando una bala,
se desarticula a cada movimiento de una forma conmovedora y aterradora.
En Bataclán tuvieron a cien rehenes.
Permanecieron horas haciéndose los muertos entre otros muertos.
Siempre se desarrollan nuevos mecanismos.
Es el instinto.
Dispararon como si estuvieran disparando al aire,
matando pájaros,
pegando tiros al aire.
Y yo soy un pájaro volando cuando bailo.
Vuelo errática, en círculos, por culpa de esta herida.
Pero sigo bailando.

Pam, pam, pam.

¿Alguna vez sientes que estás huyendo?
¿Alguna vez sientes que vas corriendo con el punto rojo en el pecho?

¿Que en cualquier momento van a disparar?
Como un animal en el bosque.
Soy un animal.
Soy una niña.
Soy una mujer.
Todo es lo mismo.

Pam, pam, pam.

¿Qué te ha decepcionado de la vida?
¿La culpa es mía?
¿Me echas de menos?
¿Alguna vez piensas en mí?
Y si lo haces, ¿es todo malo lo que piensas?
¿Eres feliz sin mí?
¿Tienes lo esencial de la vida?
¿Amor? ¿Éxito? ¿Dinero?
¿Qué cojones es lo esencial de la vida?
¿Cómo se decide lo esencial de la vida?
A mí ya no me satisface lo esencial de la vida.
¿No es extraña la manera que tiene el tiempo de
pasar sobre nosotros?

Pam, pam, pam.

En el barrio rojo de Ámsterdam nadie duerme.
Esta noche yo tampoco.
Todo el mundo viene aquí para
beber hasta reventar,
fumar hasta reventar
follar hasta reventar.
Solo tienen que sacar la cartera y pagar.
Pagar para beber,
pagar para fumar,
pagar para follar.
Y yo estoy cansada de pensar en ti.
De bailar y escribir hasta el agotamiento
para no pensar en ti
De luchar contra la idea de hablarte,
de llamarte,

de volver a ti.
Pero sigo bailando.
Porque mi sufrimiento no es nada.

Pam, pam, pam.

En mi cabeza solo escucho la música tronando
para callarte a ti.
Son como descargas,
como descargar una y otra vez,
inútilmente,
un desfibrilador en el pecho.

Mon coeur. Mon coeur. Mon coeur.

Y yo convulsiono.
Suelto todo el rencor.
Toda la rabia.
Toda la mierda.
Todo lo que me hace odiar el mundo.
Y me libero por un segundo de ti.
Me libero de mí misma, de mi existencia, del mundo
y de este dolor.
Mi mente se rinde.
No hay espacio para la palabra ni el pensamiento.
Ni para este dolor.
Cada movimiento,
cada impacto de la música,
me desplaza de la vida a la muerte.
Llevo la vida a su destrucción y a su renacimiento
cuando bailo.
Y entonces lo veo todo claro.
Veo todo en su más pura esencia.
A mí misma,
la gente,
lo que desprecio,
lo que odio,
lo que amo,
lo que anhelo.

Pam, pam, pam.

Y no haría falta que escribiera una línea más sobre ti
ni mi sufrimiento.
Porque nada tiene el mismo sentido
cuando lo escribo.
Lo hago morir cuando lo escribo.
Se equivoca de sentido y va hacia dentro,
como la fuerza de los idiota.
Porque las palabras ya no valen nada.
Ya no me alcanzan para expresar mi sufrimiento.
No haría falta que escribiera lo que significa
estar en el mundo,
hablar en el mundo,
vivir en el mundo,
razonar en el mundo.
Bailaría.
Solo bailaría, como un animal.
Bailaría como un animal
hasta el agotamiento en cada teatro
y no necesitaría decir ni una palabra más.

Cae desfallecida por el agotamiento.

TESEO recoge a DOG FACE, la arrastra por el suelo hasta sentarla en una silla. Enciende un flexo y le apunta a la cara.

TESEO: ¿Dónde estuviste la noche de su muerte?

DOG FACE: Estuve con ella.

TESEO: ¿Qué hicisteis?

DOG FACE: Händel sonando en bucle.
Mio cor schernito sei.
Nosotras follando en bucle.
Las rodillas perforando el colchón.

TESEO: Pensaba que estabas menos enferma de lo que estás.
La ciudad entera sufriendo,
todo el puto París muriendo
y tú te encierras a follar.

DOG FACE: Dicen que cuando se siente la muerte tan cerca
el cuerpo responde
con unas ganas irrefrenables de hacer el amor
para sentirse vivo,
de hacer el amor día y noche,
de matarlo todo a fuerza de hacer el amor.
Y yo quería matarlo todo con ella a fuerza de hacerle el amor.

TESEO: ¿Y después?

DOG FACE: Después no pude volver a creer en el amor.
Después de aquello no sé si alguien pudo.
No podía dar un solo paso sin sentir el miedo y el odio en los ojos de la gente.
Al día siguiente, en el metro, todos se miraban en silencio, con extrañeza.
Resultaba insoportable.

Ni un solo ruido en el que ahogar lo que había pasado.
Un chico dejó una mochila dos segundos en el suelo.
Se miraban sin decir nada,
pero estaban aterrorizados.
Y así con todo.
Había una tristeza que no nos dejaba nunca,
que estaba ahí,
en cada rincón de la ciudad,
al cruzar un puente,
al atravesar un boulevard.
O tal vez era yo.
Tal vez era yo quien iba plagándolo todo de tristeza.
Y cuando hice rebosar la ciudad entera,
cuando ya no quedaba un solo rincón para rellenar con mi tristeza,
fui a otra ciudad y volví a empezar.
Viajo de ciudad en ciudad
rellenándolo todo de tristeza.
Me muevo por el mundo plagándolo todo de tristeza.

TESEO: ¿Fue cuando dejaste París?

DOG FACE: Primero me fui a Ámsterdam. Luego Jerusalén.

TESEO: Jerusalén nunca es una buena opción.

DOG FACE: Quería hacer realidad todo lo que escribí aquella noche.

TESEO: ¿Querías ver dónde lo ahorcaron?
Al tipo ese, al nazi...
¿Dónde lo colgaron y luego escribir sobre ello?

DOG FACE: Escribí que convertiría Jerusalén
en algo más que una ciudad.
Escribí que convertiría Jerusalén
en el mundo mismo.
Expandiría Jerusalén a todas partes.
Convertiría a todas las personas en Jerusalén.

Yo sería Jerusalén y mi pluma sería la soga.

TESEO: ¿Por qué escribes cosas tan horribles?
Lo que escribes es más horrible que todo lo que pasó.

DOG FACE: Escribo cuando siento que todo está
a punto de caer.
Me siento y escribo.
Me siento y destruyo el mundo.
Destruyo todo lo que no me gusta
y me despierta asco.
Todo lo que me dan ganas de vomitar.
Y hay muchas cosas que me dan ganas de vomitar.
Pienso: voy a aniquilarlo todo.
Voy a corromper esas ideas estúpidas que llevan dentro, toda esa mediocridad que hace del mundo un lugar insoportable y feo.
Voy a corromperlo hasta que me canse de verlo arder.
Y escribo versos que solo un suicida o un asesino sería capaz de escribir.
Porque me entran unas ganas horribles de hacerlo todo arder.
Me lleno de odio hasta que yo misma me siento arder.

TESEO: ¿Es que no eres capaz de escribir una puta comedia? ¿De escribir finales felices?

DOG FACE: No eres el primero que me dice qué tendría
que escribir y cómo debería hacerlo,
de una manera que te resulta imposible de digerir,
como si yo no tuviera ninguna capacidad
crítica ni artística,
como si yo fuera un ser estúpido, inferior a ellos.
Por dentro me dan ganas de gritar.
Por dentro estoy gritando.

TESEO: No te va a pasar nada por hacer sentir algo bueno
a la gente por una vez
y dejar de castigarla con lo que escribes.
Y de odiarla.
A veces de verdad pienso que nos odias a todos,
que odias a toda la humanidad.

DOG FACE: ¿Por qué te gustan las comedias?

TESEO: Hacen que el mundo no parezca tan jodido.
No hay nada de malo en eso.
La gente necesita un respiro, no leer las cosas
horribles que escribes.
Nadie quiere sentirse un hijo de puta egoísta
cuando lee.

DOG FACE: No puedo escribir comedias cuando pienso en
esos hombres,
los hombres que van por ahí
odiando el pensamiento,
haciendo barbaridades en nombre del pensamiento.
Los hombres que me dicen que escriba una comedia
y luego comparten las fotos privadas de sus novias
con otros hombres que ni siquiera conocen.
Pero nunca digo nada.
Nunca.
Y entonces no solo aborrezco al mundo,
sino que también me aborrezco a mí misma.

TESEO: Nunca he podido terminar ninguno de tus libros.
Solo escribes porquerías.
Coges una experiencia personal
y la tratas como universal.
Eso invalida automáticamente tu planteamiento.
Es casuística, no es una realidad.
La casuística no es el mundo.
Lo que cuentas no representa el mundo.
No me representa.
Lo que cuentas no tiene validez ninguna,
no es aplicable.

Generalizas.
Hablas de un abuso y generalizas.
No puedes hacer eso.
No es de buena escritora.

DOG FACE: Y me dan ganas de gritar más fuerte,
de gritar hasta romperme las cuerdas vocales,
de liarme a golpes contra todos,
con mi familia,
con mis amigos,
con la gente que no conozco
y me dice qué tengo que escribir.
Romperme los puños contra la pared de mi casa,
contra la mesa,
la luz del salón
y cada baldosa de mi estúpido piso.
Pero nunca digo nada.

TESEO: Es un bodrio, ¿sabes?
El relato ese que me diste, el último que publicaste
sobre esas chicas, un verano y su extraña necesidad
de violencia, de violencia sexual...
Es un bodrio.
Está forzado.
No tienen ningún sentido esas mierdas
que cuentas de las mujeres,
lo que les pasa a las mujeres...
En tal caso, lo que te pasa a ti.
¿Sabes lo que hice?
Lo tiré a la basura, sin terminar.
Lo tiré a la basura.
Resulta ofensivo.
Lo que escribes ofende a la gente.
Me ofende como hombre.
No me siento representado como hombre en esas
historias.

DOG FACE: Trago montones de mierda, a todas horas.
"¡Qué mente más oscura!"
"¿Para cuándo una comedia?"

"¿La siguiente va a ser así de fuerte?"
De cualquiera que le apetezca verter
sus miedos sobre mí,
sus insuficiencias,
sus prejuicios,
sus ganas de hacer daño,
sus ganas de humillar para sentir que su vida es menos miserable que la mía.
Porque hablar de mi vida les evita reparar
en su propia mediocridad,
en el asco que se profesan hacia sí mismos.

TESEO: Y toda esa violencia... esas violaciones.
No sé de dónde sacas esas cosas que escribes, todas esas cosas horribles.
Es demasiado, concentras demasiada violencia, no es realista.
Una violación... no son las grandes historias.
Los escritores, los buenos escritores, saben detectar las grandes historias.
Y a ti... ¿te dan premios literarios por hablar de violaciones y tiroteos?
Y encima vienes a Jerusalén...
a remover cosas,
a recordar el juicio,
los campos de exterminio.
A la gente no le gusta hablar de cosas desagradables,
de violaciones y campos de concentración.

DOG FACE: A todo el mundo le gustan los campos de exterminio.
¿Sabes cuánta gente viaja a Auschwitz cada año?
Les vuelve locos hacerse fotos en los campos de concentración.
Y hacen hasta putos bailes.
Por eso toda esa gente elige Auschwitz y no Treblinka.

TESEO: ¿Qué coño es Treblinka?

DOG FACE: Un campo donde no queda nada.
Ni rastro del campo de concentración.
Es más aterrador que no haya nada.
Es como si nunca hubiera sucedido nada allí.
Solo hay un campo vacío.

TESEO: Siempre te crees más lista que los demás, mejor que los demás.

DOG FACE: La gente no quiere hacerse una foto donde no queda nada.

TESEO: Está bien si todo ocurre en la vida real, pero no en un escenario.

DOG FACE: A veces es peor lo que viene después del campo, cuando regresas a tu casa, a tu vida,
a lo cotidiano de tu vida.
A veces lo cotidiano es más aterrador.
Muchos se quitaban la vida al regresar a casa,
después de haber sobrevivido a los peores horrores.

TESEO: ¿Quién haría algo así?
Eso va contra el instinto.
El instinto de supervivencia.

DOG FACE: Había un escritor en los campos, Primo Levi.
Se terminó suicidando.
Pero no en los campos, cuando regresó a su casa.
Se encerró en su ático a escribir, a todas horas...
Supongo que para darle un sentido a todo.
O simplemente para salvarse,
como yo,
con una hoja en blanco,
pero no fue suficiente.
Se tiró de una escalera para partirse el cuello.

TESEO: No tiene sentido.
¿Por qué te tirarías de una puta escalera cuando ya estás a salvo en casa?

DOG FACE: Es el sufrimiento.
A veces no puedes vivir con tanto sufrimiento.

TESEO: ¿Estas son las historias de tus obras?
¿Para eso has venido a Jerusalén?
No deberías hablar de esas cosas.
No da un buen mensaje,
no es un mensaje de superación.
La gente necesita esperanza.
Necesita creer que todo se puede superar en esta vida.

DOG FACE: Me darían ganas de gritarte.
A ti y a todos los que habláis del esfuerzo y la superación.
Gritar que estoy harta de las historias de superación.
Que se metan la actitud y todas esas chorradas de autoayuda por el culo.
No se aprende de todo.
Las cosas no se consiguen con esfuerzo.
Lo que no te mata no te hace más fuerte,
te destruye un poco más.

Silencio.

TESEO: Dímelo... ¿Por qué a Jerusalén? ¿Por Eichmann?
Lo atraparon y lo llevaron a la otra punta del planeta para pagar por el sufrimiento de millones de personas.
Y tú querías ver dónde le ahorcaron.

DOG FACE: Alguien tiene que pagar,
alguien tiene que pagar el sufrimiento de los demás,
¿no crees?

TESEO: Eso es una buena historia.
Alguien hace malo y paga por ello.
Final feliz.

La justicia se restablece.
Los buenos ganan, los malos pierden.
En tus obras nunca gana nadie.

DOG FACE: Nunca ganan los buenos.

TESEO: Y por eso tus historias no son las grandes historias.

DOG FACE: A mí no me pertenecen las grandes historias.

TESEO: Lolita y su travieso *lollipop* rojo.
Las putas tristes.
La niñita en el túnel persiguiendo un conejo.
Esas son las grandes historias.
Tú ofendes con esas macabradas horribles sin finales felices.

DOG FACE: Hay una historia.
El video de esa colegiala,
la niña que está haciendo pis en los baños de la estación de tren.
Antes de que se suba las bragas entra un hijo de puta y le ata las manos con el cable del cargador del móvil.
Con un puto cable.
Y la viola.
Y luego el que estaba grabando le da el móvil
y la viola.
Le dan de hostias y la violan.
Y luego la dejan ahí tirada contra los azulejos,
pero antes de irse enfocan bien entre las piernas
para que se vea la sangre
cayéndole por el muslo.
Y todo a tiempo real.
¿Te gustan más esas historias?
¿Esas historias son las grandes historias?
¿Te ofenden más mis obras de teatro?

TESEO: Estás demasiado jodida.

No hay suficientes hojas en blanco en este mundo
que puedan salvarte la vida.
Tienes la mente podrida.

DOG FACE: Para eso quieres una comedia y un final feliz.
Para reír.
Para que os haga sentir bien.
Reír todos juntos.
Reír en manada.
Es como más os gusta.
Reír en masa.
Pensar en masa.
Consumir en masa.
Violar en masa.
Una violación grupal es lo más visto en internet.
Para eso sirve una puta comedia y un final feliz.
Y por eso mis historias no son las grandes historias.

TESEO: Te empeñas en este sufrimiento porque es lo único
que tienes.
Lo reduces todo a tu sufrimiento.
Y sin eso no serías nada.
No tendrías nada sobre lo que escribir.
Es lo más triste y patético que he visto nunca.

DOG FACE: Algún día subiré a lo alto de una torre,
no para pensar en mí misma cayendo,
sino para escribir su nombre en un candado.
Ese será el final feliz que escriba.

DOG FACE y TESEO miran al fondo de la sala. Están en una cama DOG FACE y MON COEUR.

"Pasé por delante de Bataclán, Mon Coeur", me dice.

Quiero sentir toda la violencia,

sentir todo el dolor que hemos guardado hasta esta
noche y no escribirlo.
Hacer el amor con tanta fuerza que no seamos
capaces de volver a hablar,
de pronunciar una sola palabra,
porque habremos olvidado hasta el nombre de los
elementos.
Porque las palabras ya no alcanzan para explicar
el dolor que vendrá después de esta noche.

Solo puedo amarte como un animal.
Sin pronunciar tu nombre.
Sin hablar del dolor de esta noche.
Recorrer tus adentros y crecer entre tus costillas
como un árbol.
Cada vez tengo menos respuestas.

"¿Es que no ves cuánto me pesa la vida que ya no
puedo hablar?", le digo.
"No hemos muerto esta noche, Mon Coeur", me
dice.

Pero siento que todo a nuestro alrededor está
muerto.
La muerte está tan presente aquí,
en el espacio entre tu pecho y mi cadera,
que siento ganas de llorar,
nos siento morir con la misma brutalidad,
como si de un momento a otro,
aquí,
desnudas,
fueran a atravesarnos todas las balas que
dispararon esta noche.
Y hasta puedo sentirlo.
Y deseo por un momento que todo acabe.
Porque ni la muerte ni la idea de la muerte es capaz
de liberarnos de nosotros mismos.

"Hazme el amor con tanta fuerza que me haga
olvidarme de todo, Mon Coeur".

TESEO: Nada de eso ocurrió. Lo sabes, ¿verdad?

Silencio.

¿Lo sabes, verdad?

Silencio.

DOG FACE: Y cuando siento que todo está a punto de caer,
me siento y vuelvo a destruir el mundo,
una y otra vez,
inútilmente,
para que ella no exista en él.
Destruyo el mundo para destruir el amor,
para que muera de una vez
y no llorar su muerte nunca más.
Escribo hasta que siento los nudillos dolerme
de tanto destruir el mundo.
No sé cuántas noches he hecho que muriera
y luego que volviera a nacer.

TESEO: Lo que haces es de cobardes.
Amar a un fantasma, a quien ya no está...
No tiene ningún valor amar de esa manera a alguien.
Lo jodido es amar las imperfecciones.
Cuando alguien no está, solo tienes que amar su perfección.
Lo idealizas todo, haces esa mierda con la ausencia.
Es la forma que tienen de amar los cobardes.
Siempre has sido una cobarde.

DOG FACE: Cuando ya he destruido todo y he deseado la muerte de las personas que más he odiado y amado,
cuando ya no me queda ni una sola hoja en blanco
que me salve la vida,
todavía queda ella,
así que sigo escribiendo,
escribiendo la misma noche

una y otra vez,
inútilmente.

TESEO: Nunca llegó.
Aquella noche.
Se quedó un rato más en Bataclán.
Nunca llegó a tu casa aquella noche.

DOG FACE regresa al centro y baila con intensidad al ritmo de la música techno. TESEO la mira a lo lejos.

TESEO: A veces estoy borracho.
Estoy muy borracho y la llamo:
"¿Estás libre?"
No puedo conducir bien, las manos me patinan,
pero llego a su casa.
Y me espera en la cama,
como un puto perro,
aunque sean las dos de la mañana
y apeste a alcohol.
Mona es fea.
Por eso la llamo así.
No es su verdadero nombre.
Tuvo que ser muy guapa de joven, pero ahora ya solo queda eso escrito en su cara:
"El tiempo es una putada".
Mona se ha hecho vieja en apenas unos meses,
terriblemente vieja.
Las tetas están arrugadas,
ya no sirven ni para meter mi polla dentro
porque están tan caídas y flácidas
que no se siente nada.
Las estrías se marcan en su cadera
y tiene cada vez el culo más plano
y el vientre más hinchado,
como si se le hubiera invertido y ahora el culo se hubiera desplazado hacia delante.
Follármela es como follarme un esqueleto.

No hay nada puro.
No hay nada joven.
Somos dos muertos follando.
Todo está podrido, pero me hace sentir vivo.
Me hace sentir que no me está comiendo este puto cáncer.
"Voy a follarte por todas partes".
Las mujeres divorciadas son lo mejor.
Quieren que no te vayas nunca,
que no las abandones.
Y te lo demuestran comiéndote la polla con absoluta devoción, como una santa en el altar.
A Mona muchas veces le digo que es la mujer más fea que me he follado nunca,
que nunca podría amar a una mujer tan fea como ella.
Y ella me mira con toda esa feminidad,
esa asquerosa necesidad de ser amada.
Sería todo lo que le pidiese que fuera.
Se tumba a mi lado en la cama
y se queda allí pase lo que pase,
como una puta a la que has pagado
y aguanta todo lo que haces o digas a cambio de dinero, pero ella lo hace a cambio de amor.
Puedes pegarla,
escupirle a la cara,
follarla lo más duro que imagines.
No se va a ir de tu lado.
Y no sé si me produce asco o tristeza.
Verla ahí,
arrodillada,
con el semen cayendo por toda la cara,
con esa mirada que intenta ser sexy,
pero que resulta patética.
Porque están desesperadas.
Desesperadas y tristes.
Y por eso te sonríen,
a pesar de que la corrida se le esté pegando al rimmel de las pestañas y le haya estropeado el maquillaje de la cara.

Sonríen agradecidas para que no notes su
desesperación.
Luego se va al baño.
Se lava la cara.
Enciendo un cigarrillo.
Dos paquetes al día desde los catorce años.
Ahora tres.
Tres desde que me diagnosticaron cáncer de
pulmón.
Ya no importa.
Llamé a mi hija la misma noche,
pero estaba demasiado borracho.
"Cielo, es papá".
Puedo sentir su desprecio,
pero me da igual, lo ignoro.
A veces hay que ignorar algunas partes para
sobrevivir cada día.
"¿Eres feliz en París siendo la escritora de libros
que nadie lee? Todos te quedamos siempre
pequeños".
Mona sale del baño.
Coge un plato del armario,
abre una lata que huele a mierda y huevo podrido
y la saca a la ventana para dar de comer a los gatos.
Y por primera vez la veo.
Por primera vez me dan ganas de abrazarla
y dormir con ella,
pegado a ella toda la noche.
"Te quiero, joder".
Que alguien me diga te quiero antes de morir,
antes de que los pulmones se me encharquen de
sangre.
Que alguien se acerque a mi puta ventana,
la noche que más miedo tengo,
la noche que todo me parece más inmenso que
nunca y me deje un plato de comida caliente.
Mona se mete en la cama
y acuesta la cabeza en mi pecho.
Me pregunto si lo puede oír.
Si puede oír mi respiración

como un desagüe atascado.
Cómo el cáncer se lo va comiendo todo ahí dentro.
Me duele el pecho cuando respiro,
los pulmones, la garganta, el corazón
y hasta las putas pestañas.
Mona enciende la televisión.
Un tiroteo en plena noche.
En París también les duele el pecho cuando respiran.
Acaricio el pelo de Mona.
Voy a morir pronto.
Me hubiera gustado estar en París en esa noche,
en el puto Bataclán,
y morir de un tiro después de haberme follado a la tía más buena de todo el local.

DOG FACE sigue bailando. TESEO, más joven, entra vestido de cowboy. En el fondo se proyecta el laberinto de Creta. Entran otros cuatro vaqueros. TESEO se adelanta, se ajusta la hebilla del cinturón y se recoloca el sombrero. Saca la cuerda y empieza a preparar un nudo.

Lo más emocionante son los segundos antes.
Ya sabes lo que vendrá a continuación, pero antes...
Sales con la mirada puesta en ella.
Solo piensas en la presa.
La sigues, la persigues, la rodeas.
Luego te alejas para confundirla.
Haces lo que sea necesario hasta que ya la tienes.
Y cuanto más se resiste,
mayor es el placer de atraparla.
Le pones la cuerda alrededor del cuello
y la haces caer.
Ya es tuya.
No hay nada mejor que ese momento.

TESEO y los otros vaqueros rodean a DOG FACE.

Los chicos y yo salimos los sábados.

Salimos de caza a ver cómo anda el ganado.
Salimos de caza a ver qué potra nos montamos.
Con esos pantalones cortos, bien ajustados,
bailándote en todo el paquete.
Están deseando que me las folle,
suplicando que les dé fuerte.
Y tú estás en la discoteca, con tu copa en la mano,
las luces iluminan en ráfagas su espalda mientras
ella te baila.
Es un momento jodidamente perfecto.
Hay otros tíos que se la quieren follar,
pero ella me busca a mí.
Me miran para provocarme y a mí me dan ganas de
decirles:
"¿Qué cojones miras, maricón de mierda?"
Cogerles por el pescuezo y decirles:
"¿Te gusta ella o me la quieres comer a mí con esa
cara de maricón?"
Pero me callo para no liarme a hostias.
Porque no quiero,
porque si me meto a dar de hostias a alguien,
me meto de lleno.
Me tienen que separar o lo acabo matando a
hostias.
Porque yo no paro.
Si empiezo algo, no paro, lo hago hasta el final.
Y ella sigue bailando y ya estoy que no puedo más,
pero aguanto porque sé lo que va a venir.
Da unos pasos, se aleja de mí en dirección al baño y
justo antes de que la pierda entre la multitud,
se gira de medio lado y me echa esa mirada,
una de esas miradas que dicen:
"Eres matador".
"Qué guapo eres, matador".
"Eh, matador, ven aquí y haz conmigo lo que
hacen los matadores".
Me pide que me la folle,
me pide que lo haga más fuerte.
Se vuelve loca con tanta fuerza.
Chilla.

Me pide más y chilla.
La pongo contra los azulejos del baño.
Bebo sin dejar de follármela.
Me lleno la boca de ron cola y me la follo a lo bestia.
La cojo del cuello, a lo bruto...
y me pongo como un animal,
con unas putas ganas que se me salen del cuerpo,
con las ganas de una jauría,
de una manada entera de animales.
La sangre me bombea a toda velocidad.
Me revienta la cabeza.
La reviento por dentro, como un animal.
Es una carnicería.
La atravieso tan fuerte que parece una carnicería.
La estrujo, la golpeo duro, la desgarro.
A mayor deseo, mayor violencia.
Siento que voy a dejar su cuerpo desmembrado por
toda la puta discoteca.
Que su coño va a aparecer desperdigado en el suelo
del baño.
Mi polla es un arma de fuego,
un rifle de caza que la perfora
y explota dentro.
Es un fusil y te desperdiga por todas partes.

DOG FACE abre los ojos. Ve a su alrededor a TESEO y los otros vaqueros. Se paraliza. Los mira. Después de un segundo de duda comienza a bailar con más fuerza, comienza a comportarse como un animal, rozando los pies en el suelo, a punto de embestir. TESEO ondea la cuerda en el aire y la enlaza al cuello de DOG FACE. Los otros vaqueros la cogen de pies y manos.

A ellas les gusta así también, en grupo.
Sienten que son el centro del universo.
La atención de todos nosotros puesta solo en ella,
en su cuerpo,
en su pecho,

en sus muñecas.
Su coño es lo único que existe en ese momento en el mundo.
Sexo en grupo, *gang-bang*, sadomaso.
Son las categorías más vistas en internet.
No soy el único hijo de puta.
Todos lo hacen.
La primera vez que vi algo así tenía once años.
Los niños ven muchas cosas.
Internet te lo pone fácil de cojones
y ya no puedes parar.
Ya no encuentras otra manera de excitarte.
Es muy jodido,
porque tú quieres follarte a la chica que te gusta,
la que te gusta de verdad,
pero no se te pone dura.
La mente ya se te ha jodido de por vida con todos esos vídeos.
Y te sientes una puta escoria,
pero no encuentras otra manera.
Y también te sientes poderoso,
poderoso de cojones con el grupo.
Puedes hacer lo que quieras,
las cosas más impensables,
que siempre estarán ahí para seguirte el rollo,
para defenderte,
para apoyarte.
Solo hace falta que empiece uno y por muy jodido que nos parezca, le seguimos.
Ya no hay uno, sino que somos un todo.
Mi personalidad, la del otro...
Toda esa mierda no importa porque lo primero es el grupo.
Tu identidad se vuelve la identidad del grupo.
Y te adaptas.
Te adaptas tan de puta madre que a veces te da miedo.

TESEO se dirige a los cuatro vaqueros.

Tenéis que hacerlo.

COWBOY 1: ¿Y si no se deja?

TESEO: Le escupes a la cara, le das de hostias y la violas.

COWBOY 2: ¿Y si no quiero hacerlo?

COWBOY 3: ¿Y el amor? Me gustaría hacerlo por amor.

TESEO: No importa lo que tú quieras.
No importan esas chorradas del amor.
Solo importa que cumplas con el modelo del hombre.
Ser un hombre también hay que ganárselo.
Si digo "hombre", ¿puedes responder?
Eso hay que ganárselo.
Por ahora no puedes responder.

COWBOY 4: Nunca he violado a una mujer.

COWBOY 3: ¿No hay otra manera?

COWBOY 2: Todos dicen que las mujeres son un recurso escaso.

COWBOY 1: Es la ley del 20-80.

COWBOY 4: ¿Qué quieres decir?

COWBOY 1: Solo un 20 por ciento de los hombres acceden a las mujeres.

COWBOY 2: ¿Entonces es la única manera?

COWBOY 3: ¡No quiero hacerlo!

COWBOY 2: ¡No quiero ser un violador!

COWBOY 4: Quiero que ella me desee de verdad.

TESEO: Solo importa tu deseo.
Es lo que te corresponde por ser un hombre.
Es tu derecho a ser un hombre.
Darte de hostias con otro hijo de puta,
beber hasta reventar,
ordenar a tu mujer,
ignorar a tu hija y sus reclamos afectivos,
follarte a una puta como tú quieras,
decir puto sudaca o maricón de mierda y
que nadie te diga nada.
El mundo no se organiza por la moral.
Estoy cansado de la idea de la moral.
Me toca los cojones vuestra idea de la moral.
El mundo se organiza por el deseo,
el deseo de los hombres.
No van a hacer que me sienta mal por ello.

COWBOY 1: Solo importa satisfacer mi deseo.

COWBOY 2: Tengo derecho a satisfacer mi deseo.

TESEO: Te apropias de todo lo que sea necesario para satisfacer tu deseo.

COWBOY 4: Tengo derecho a subirme encima de cualquier puta.

COWBOY 3: Tengo derecho a subirme encima de una yegua.

COWBOY 2: Tengo derecho a subirme encima de un delfín, de un poni, de un camello, de un elefante y hasta de un puto perro de trineo.

COWBOY 1: Mi deseo.
Mi deseo.

Solo atiendo a mi deseo.
Estoy harto de que me castiguen por pensar en mi propio deseo.
Puedo subirme encima de cualquiera.
Subirme encima de un animal, de una mujer.

TESEO: Es el modelo de consumo.
El mundo es una fábrica de producción de placer.
Del placer de los hombres.

COWBOY 3: Body Culture.
Capital erótico.
Hombre Alfa.
Chico malo.
Tengo que parecer un chico malo.
Ellas quieren eso.

COWBOY 2: Le doy atención y luego se la quito.
Le digo algo bonito y luego trato mal, de la nada.
La vuelvo loca para satisfacer mi deseo de dominación.

COWBOY 1: La sigo hasta el baño y después la violo.

COWBOY 2: ¿Y si no se deja?

COWBOY 4: La meto de hostias y después la violo.

COWBOY 3: Solo tengo que usar la fuerza.

COWBOY 2: Someterla por la fuerza.

COWBOY 1: Y la vuelvo a violar.

TESEO: ¡Ahora sí!
¡Ahora podéis responder cuando digo "hombre"!

TESEO y los otros vaqueros comienzan a violar a DOG FACE. Ruido de tiroteo mezclado con la música techno. Cada embestida suena como una bala.

Cada día, sobre las ocho menos cuarto, voy a la
misma sala de exposiciones.
Hay cuerdas que van de un extremo a otro.
De las cuerdas cuelgan papeles rosas,
cientos de papeles.
Al final de la sala, una mesa con papel y bolígrafo.
Y una pregunta:

¿Cuándo fue la primera vez que abusaron de ti?

Cada día veo cómo se van llenando las paredes.
El primer día estaban casi vacías.
Hoy, dos semanas después, apenas queda un hueco
para colgar más papeles.
Podríamos empapelar todas las paredes del mundo.

Un hombre se acercó a mí en el metro y le sentí detrás frotándose contra mí. Tenía 12 años.

Nunca encuentro gente en esta sala.
Nadie habla de esta sala.
Todos los secretos en silencio, encerrados en esta.

Con 11 años mi profesor me metió su mano por dentro de las bragas. Recuerdo sus uñas haciéndome daño.

Ahora todo el mundo habla de igualdad.
En casa, en la calle, en el bar, en los estúpidos
podcasts.
Dicen cuatro palabras muy bien elegidas sobre
igualdad, un discurso pobre y prefabricado,
sin mucha profundidad,
lo justo para rellenar su cupo de solidaridad,
pero no les molestes con mujeres violadas de
verdad.

A la hora del recreo, tres chicos del instituto me llevaban al laboratorio de química. Luego me amenazaban y me pedían que no dijera nada. Aguanté siete meses. Cuando lo conté, todos dijeron que lo hacía para llamar la atención.

Un abuso de verdad sobrepasa su cupo de
solidaridad.
No molestes con una violación de verdad.
No sobrepases su cupo de solidaridad con una
violación de verdad.

Mi padre venía borracho a casa. A veces amenazaba con un cuchillo a mi madre. Mis hermanos y yo no salíamos de la habitación hasta que terminaba de violar a mamá.

No molestes con la realidad.
Solo importa el cupo de solidaridad.
Llenar lo suficiente, no mucho,
el cupo de solidaridad.
Y si una mujer se suicida tres meses después de una
violación de verdad, no les molestes.
Eso rebasa su cupo de solidaridad.

Con catorce años me enamoré como una tonta de un chico. Me tumbó en un descampado mirándome a los ojos. No le dije nada, pero sentí que amaba más que nunca. Él me abrió las piernas y empujó muy fuerte. Le pedí que parara, que lo hiciera más despacio, pero no lo hizo. Cerré los ojos, apreté las manos y esperé que terminara pronto, imaginándome que estaba sola en ese descampado. Sola con un cuerpo encima.

Yo también he dejado mi papel en esas paredes.
Me pregunto, si pudieras leerlo,
si sabrías que soy yo.
Me doy cuenta de que nunca te dije nada.
Nunca te hablé de las cosas horribles que me
pasaron.
Nunca te hablé de mi padre ni de su incapacidad
para quererme
ni de este miedo atroz al abandono.
Y que por eso yo te abandoné primero,

como siempre hago,
porque no soy capaz de soportar la idea del rechazo.
No te fíes de nada de lo que hace o dice alguien con el corazón herido.
Para alguien con el corazón herido el sufrimiento nunca es importante.
He sido entrenada para soportar grandes cantidades de sufrimiento,
como esas gimnastas,
esas niñas rusas que parecen indestructibles,
inmunes a las dolencias.
Y nunca se quejan.
Y hacen ver que es absolutamente normal.
Que su sufrimiento es lo que debe ser.
Y no solo aprendes que no es motivo suficiente para alarmarse, ni para alarmar a nadie,
sino que no eres consciente de tu propio dolor.
Y qué grande llega a ser ese dolor.
Todo por culpa de esta enfermiza necesidad de ser amada.
Porque ese es nuestro lugar en el mundo.
El amor.
Entrenadas estúpidamente
para el amor y el sufrimiento.
Y aceptas someter tu cuerpo a toda clase de humillaciones,
entregar tu cuerpo al deseo destructivo del otro
y por tanto a tu propio deseo de autodestrucción.
Con quince años buscaba amor en todos los cuerpos.
Buscaba amor en los lugares menos indicados,
en quienes,
como mi padre,
nunca me darían un abrazo con ternura,
sino que me darían una hostia.
No una de las que hacen daño,
sino de las que te destrozan el corazón.
Salía a que me destrozaran el corazón.
Dolía, pero me daba igual.
Dolía más el vacío que tenía dentro.

Salía para conseguir el mayor número de cuerpos
porque en mi escala equivalía a más amor.
Mi madre me peinaba durante horas, me
maquillaba, me ponía más colorete, el escote más
bajo, el pantalón más apretado.
Quería que fuera la más guapa de mis amigas,
como si de alguna manera ese fuera su logro,
su victoria,
algo hermoso que ella había creado
y que debía ser mejor que nadie solo
porque provenía de ella,
pero nunca mejor que ella misma.
Lo más importante era salir a gustar.
Ni siquiera gustarme a mí misma,
sino a los hombres, a cualquiera.
No importaba si era un chico guapo
o si tenía una gran personalidad.
No tenía que hacerme reír.
Solo tenían que hacerme sentir que les gustaba.
Si yo les gustaba a ellos, me gustaba a mí misma.
Pero nunca era suficiente.
Y les dejaba follarme,
de la forma que fuera,
con la violencia que fuera,
hasta que me amaba un poco a mí misma.
Mi valor se medía así.
Y los tíos te lo ponían muy fácil.
Te ayudaban en esa rosca interminable del
autodesprecio.
Tenía doce años la primera vez que me di cuenta del
poder sexual que se tiene sobre los hombres.
Comía un helado contra la máquina de pinball.
Me miraban con deseo.
Y el deseo está por encima de todo,
pero entonces no lo sabía.
Y todo sucede sin darte cuenta, con una inercia y
una resignación que dan miedo.
El primer beso.
El primer abandono.
El primer fracaso.

La primera vez que piensas en quitarte la vida.
La primera píldora abortiva.
La primera bofetada.
A mayor deseo, mayor violencia.
Pero tu cuerpo no es el primero.
Eres la primera vez de millones de cuerpos.
La vida está atiborrada de cuerpos que viven todo una primera vez y fracasan.
Que lo intentan una segunda vez y fracasan.
Pero sigues fingiendo que tienes grandes planes, metas, una gran vida por delante.
Siempre te dices que tienes toda la vida por delante,
aunque ya estés jodida desde que naces,
desde mucho antes,
desde que tus padres hablaran por primera vez de amor y pasaran horas planificando
cómo sería tu habitación,
tu educación,
tu nombre,
tu futuro.

Con doce años dos hermanos me agarraron con fuerza, me apretaron la cara contra la pared y me bajaron los pantalones. Solo el ruido de gente que se acercaba los detuvo.

Este es el papel que he dejado escrito junto al resto.
Me doy cuenta ahora, mirando estas paredes,
de la cantidad de cosas que no te dije,
la cantidad de cosas que no decimos.
El dolor de una vida sin amor.
El dolor de vivir inútilmente
y de crecer inversamente,
como aquel verso de Anne Sexton
que fue a escribir en el horno de gas.
Yo crezco inversamente.
Yo crezco a la inversa.
Yo crezco a la inversa.
Siento que mi cuerpo crece a la inversa.

"¿Dónde voy con este infierno dentro?"

Y así consumo los días entre versos suicidas,
tiroteos y museos del horror para olvidar el dolor de una vida sin amor.

¿Me hubieras amado más si te lo hubiera dicho?
¿Si te hubiera dicho todas las humillaciones que he sido capaz de soportar
a cambio de un poco de amor?
Todos somos capaces de las locuras más jodidas por un poco de amor,
pero hay cosas que es mejor no contar a la persona que amas.
Te abandonaría.
Te abandonaría sin dudarlo porque nadie quiere a su lado algo que no tiene valor.
Y te machacaría por ello.
Te jodería la vida hasta reducirte a la nada solo para terminar abandonándote igualmente.
Hasta aniquilar el poco amor que te queda,
el poco amor que te queda para ti misma,
porque para los demás te sobra.
Para los demás lo regalas.
Para los demás te regalas.
Para los demás siempre te puedes sacrificar más.
Para los demás nunca hay límites.

"Es un estado depresivo, Mon Coeur. Es un síntoma de depresión. Solo puedes ver la miseria en lo que vive a tu alrededor. ¿No eres capaz de ver el amor que yo te doy y aferrarte a eso?"

Yo lo llamaría una incapacidad terca e incorregible para la vida,
de aceptar el fracaso,
el fracaso de la vida.
Una vida en la que el sufrimiento de una niña,
de una mujer,

de un animal,
de un perro
parecen estar en un mismo nivel,
en un mismo plano de valor y existencia.
Y por eso nadie quiere leerme.
Porque cada palabra que escribo es la confirmación
de nuestra propia miseria
y nuestra propia vulnerabilidad.
Cada palabra que escribo me recuerda
nuestra propia vulnerabilidad.
Me recuerda que la pérdida de inocencia,
la mía, la de una niña, una mujer o un animal,
es proporcional al aumento de
nuestra propia vulnerabilidad.
Y nuestra propia vulnerabilidad me da pena.
Nuestra propia insignificancia.
La insignificancia de nuestro sufrimiento,
nuestra vida y nuestra muerte.
Pero no quiero escribirlo más.

"Mon Coeur, sube a lo alto. Más. Más alto, Mon Coeur.
Y escríbeme ese precioso final".

Ya no voy a escribir una línea más sobre la ternura,
el amor y nada que se le parezca.
Escribiré para ser una hija de puta, una bestia.
Para matar todo lo que detesto y me hace daño.
Y para salir a matar hay que ser una bestia,
una hija de puta.
Solo las bestias son capaces de atrocidades así.
No se puede salir confiando en la bondad de la
gente a pecho descubierto.
No se puede salir llena de culpa y de complejos.
Salir y decir: "No soy suficiente".
Salir y callar porque crees que no eres suficiente.
Salir y no saber decir no.
Hay que salir y ser una hija de puta.
Salir como una bestia y odiar.
El odio une más que el amor.

Salir a la calle siendo el epicentro del odio y del dolor.
Salir y dejar de ser todas las cosas.
Salir y dejar la ternura, el amor y todo lo que se le parezca para ser solo una hija de puta.

TESEO: Vengo a ver a la ballena azul, a primera hora,
cuando nadie quiere verla.
De vez en cuando, solo cuando estoy algo jodido
y me da por pensar en ti.
Ahora no te gustaría este lugar.
Ahora no querrías venir conmigo a verlo,
ni a ningún otro lado.

DOG FACE: Voy a todos los museos de París.
Y, cuando los he visto todos, vuelvo a empezar,
de forma obsesiva,
como algo que tuviera que hacer
para calmar todo lo que siento aquí dentro.
Camino... de un museo a otro...
para no pensar en ella.
Monet y Renoir en la sala 33 del Museo d'Orsay.
Camino, camino, camino.
Kandinsky y Matisse en la quinta planta del
Pompidou.
Sigo caminando.
Caravaggio en la sala once del Louvre.

TESEO: Dicen que por el día golpea los muros de cristal.
Sacude el cuerpo y la cabeza contra los vidrios.
Dicen que es por estrés,
que se golpea por el estrés de la gente que se agolpa
delante de ella.
Yo digo que es soledad.
Esa clase de encierro, sin poder salir ahí fuera y
encontrar a otros como tú... puede hacerte
enloquecer.

DOG FACE: Renoir y las bañistas.
Pero no se calma este dolor.
Las indígenas de Gauguin.
No descansa nunca.
La Eva negra de Le Douanier
Baigneuses à la vache rouge.

TESEO: Te he dicho que no me hables en francés.
Tú a mí no me miras por encima del hombro solo
porque sabes francés.

DOG FACE: Camino entre todos esos cuadros,
entre todas esas mujeres desnudas,
apenas cubiertas por los narcisos y las violetas.
En plena sintonía con la naturaleza, salvajes,
sin ser siquiera conscientes de su propia desnudez,
como los animales.

TESEO: ¿Crees que la ballena sabe que está desnuda frente
a todos esos turistas?

DOG FACE: Las pintan entre la hierba,
mezcladas con otros animales,
en un mismo nivel de existencia,
en un mismo plano.
Niñas, mujeres, animales.
Todo en un mismo plano de existencia.

TESEO: ¿Sabrá ella, la ballena, lo que es la soledad?
¿Tú también sientes soledad?

DOG FACE: Y las veo siempre tumbadas,
en una postura vulnerable, pasiva,
como si estuviesen muertas o dormidas,
en plena sumisión,
en plena entrega
y eso fuera todavía más excitante para ellos.

TESEO: No me voy a sentir mal por la ballena.
No es mi responsabilidad.
Es el modelo de consumo.
Y en ese consumo hay algo... hay algo de sacrificio.
Siempre hay un sacrificio de alguna de las partes.

DOG FACE: Niñas, mujeres, animales.
Y camino, camino, camino.
No importa el orden.

Sigo caminando.
Todo es lo mismo para ellos.
Lo dice Spot, el proxeneta que abusa de la pequeña
Iris Easy en esa película, *Taxi Driver*:

Las yeguas hay que pagarlas.
Esas cosas hay que pagarlas.
Una niña de trece años hay que pagarla más cara.
Es una yegua cara, pero vale la pena.
Una yegua fina hay que pagarla.

TESEO: No es nada personal.
Es una cuestión de consumo.
De consumo y producción.
Hombre es fuente de producción.
Sida, desnutrición, violencia de género,
enfermedades mentales no son fuentes de
producción.
El sexo, la viagra, la píldora abortiva, la cirugía
estética, la prostitución y hasta esa puta ballena son
fuente de producción.
Es el modelo pornocrático de consumo.
No hay culpa ni remordimiento.

DOG FACE: Me imagino a todas esas niñas,
a todas las Iris Easy,
a todas las que leo cada día en un papel
y que nadie quiere leer.
Me las imagino en el museo,
sosteniendo en su regazo su inocencia,
sosteniendo en una bandeja sus propias partes
heridas,
como las mártires de Caravaggio.
Mi pequeño museo de la crueldad.

TESEO: El consumo es cultural.
Consumidores de carne, de cuerpos.
El sexo es cultural.
La violación es cultural.
Y capitalista.

Capital erótico.
Una matanza industrial.
Una violación en masa.
Es el modelo de consumo.
Propiedad y superioridad.
Y solo haces lo que tienes que hacer dentro de ese modelo.
Consumir.
Consumir lo que se te antoje.
Consumir lo que se te ponga por delante.
Sin culpa, ni remordimientos.

DOG FACE: Devoro cantidades ingentes de sufrimiento
porque nadie más quiere hacerlo.
Un sufrimiento descomunal.
Devoro sus gritos sin saber si lo que grita es
una niña, una mujer o un animal.
Me expongo constantemente a su sufrimiento
y a su dolor.
Lo engullo cada noche,
en las noches de insomnio,
con la misma avidez que ella devora mi cabeza,
mi casa, mi silencio.
Y muero un poco más.
Me separo del hombre un poco más.

TESEO: ¿Sabes cuál es el truco?
¿Quieres saberlo?
Solo tienes que volverlo cotidiano.
Esta capacidad extraordinaria para hacer daño...
convertirlo en algo cotidiano, algo rutinario, casi doméstico.
Y convivir con ello.
Sin culpa ni remordimientos.
Lo cotidiano es más aterrador, pero nadie lo nota.

DOG FACE: Y también a la inversa.
Hacer de lo cotidiano algo único,
algo extraordinario.

En eso los hombres también son verdaderos maestros.
Los museos están llenos de pequeños gestos cotidianos.
Secarse una pierna con una toalla.
Desenredarse el pelo al salir de la ducha.
Mojarse el cuello con una esponja.
Simplemente tumbarse y dormir.
O simplemente caminar sola de camino a casa.
Lo encuentran provocador.
Les provoca.
Les resulta toda una provocación.

TESEO: ¿Una prostituta masturbando un caballo?
Lo más cotidiano.
Solo basta clicar dos veces en tu ordenador.
Una vieja a la que defecan en la cara.
Es el modelo de consumo.
Consumir lo que se te antoje.

DOG FACE: Les despierta un deseo incontrolable.

TESEO: Meterle mano mientras duerme.

DOG FACE: Los museos están llenos de mujeres tumbadas.

TESEO: Mirarla en la ducha sin que se entere.

DOG FACE: Los museos están llenos de mujeres en el baño.
No hay nada perverso en una mujer bañándose.
La *toilette* de las damas.
Vulnerables en su desnudez,
en su intimidad,
anónimas,
ordinarias,
ajenas a la mirada obscena,
como si las vieses a través de una cerradura.

TESEO: Una niña en la playa jugando en la orilla del mar.

DOG FACE: Degas y las mujeres en el baño.
Las prostitutas de Lautrec.
Los torsos desnudos de Manet.

TESEO: Una niña montando un poni.

DOG FACE: Solo existiendo para ser cuerpo,
para ser carne,
para ser observadas y deseadas.
Ese es su lugar en el mundo.

TESEO: Una niña orinando sin saber que es grabada.

DOG FACE: Los grandes museos, los grandes artistas, la cultura del hombre, el deseo del hombre.

TESEO: Bragas usadas o leche materna.
¿Sabes que los pervertidos pagan una pasta por leche materna en internet?

DOG FACE: Es una capacidad extraordinaria para hacer de algo cotidiano una fuente de perversidad.
Y de la perversidad una obra de arte.
Y convivir con ello.
Y hasta pagar por ello.
Y hasta pagar por ver una ballena golpeándose contra un cristal sin importar su sufrimiento.
Esas son las grandes historias del hombre.

TESEO: Lo importante no es el sufrimiento.
Es el deseo.
Y para satisfacerlo puedes consumir lo que quieras.
En tu habitación, desde tu ordenador.
Todo lo que quieras, pero cuando nadie te ve.
Esas cosas dan mucho pudor.
¿Crees que la ballena sabe lo que es el pudor?
En público no.
En público soy un policía, un policía moral.
Castigo la prostitución.
Castigo la pederastia.

La pornografía.
El sexo duro.
Las palabras feas.
En privado libero todo.
Libero toda esa violencia.
El animal que llevas dentro.

DOG FACE: No son animales.
No son sádicos.
Solo es gente común,
gente que juega los domingos en el jardín con los niños
y compra flores a su mujer para el aniversario.

TESEO: El perfecto burócrata. El trabajador del mes.

DOG FACE: Lo dijo Eichmann en el juicio de Jerusalén.

TESEO: ¿Otra vez vuelves con ese cabrón?

DOG FACE: La obediencia del cadáver.

TESEO: Un cadáver apilando más cadáveres. Eso soy yo.

DOG FACE: La vuelta de tuerca.

TESEO: Ocho horas degollando cuellos.
Al principio me impresionaba.
Luego... luego se vuelve cotidiano.

DOG FACE: Convertir el horror en algo cotidiano y que te paguen por ello.

TESEO: Pasas el día rebanando el gaznate a una pila de cerdos.
Y lo único que piensas es en el partido que te estás perdiendo.
Pasas el día pensando cómo cargarte a más animales para que te den un aumento,
cómo hacerlo más rápido o con menos esfuerzo

o cuál es la forma de degollarles el cuello sin que te salpique la sangre por todas partes.

DOG FACE: Mujeres, niñas, animales.
Todo listo para alimentar el modelo de consumo.

TESEO: Coges la vara metálica,
la colocas en los ojos para electrocutar al animal.
Es lo que más se utiliza en el matadero.
A veces tengo que dar más de una descarga para matarlos.
Luego los cuelgas por los pies.
Les das un pequeño corte en la garganta
y les dejas que se desangren.
Los metes todos en la línea de procesamiento y empaquetado.

DOG FACE: No hay responsabilidad con lo que vive por fuera del hombre.

TESEO: ¿Crees que responde la ballena si digo la palabra "hombre"?

DOG FACE: Desde el cristal de mi ventana, yo también soy como esa ballena.
Yo también golpeo mi cuerpo contra las paredes.
Yo también muero de soledad.
No hago otra cosa que morir
porque no sé cómo hacer de la atrocidad algo común, algo cotidiano y convivir con ello.

TESEO: ¿Respondes tú si digo la palabra "hombre"?

DOG FACE en la pista de la discoteca bailando con euforia.

DOG FACE: Primero la droga y luego la viola.
La desgarra por dentro.
Lo graba y lo sube a internet.
No pudo decir claramente "no".

No pudo expresar su propio sufrimiento.
Es una secuencia muy sencilla.
Pensamiento, logos, poder.

¿Tú, papá, puedes expresar tu propio sufrimiento?
¿Tú puedes decir "no", papá?

Mira las muñecas hinchables que yacen en el suelo.

¿Y vosotras?
¿Podéis expresar vuestro propio sufrimiento?
Y si pudierais expresarlo, ¿acaso importaría?
Y si pudierais decir "no", ¿acaso importaría?

Yo nunca he sido capaz de expresar mi propio sufrimiento.
Y por eso me es negada mi capacidad de sufrimiento.
Y por eso merezco ser explotada y abusada físicamente y emocionalmente hasta la muerte.
Por eso soy una deficiente emocional que se siente inferior a todos,
una acomplejada llena de traumas y heridas que mendiga un poco de aprobación a cualquier desconocido,
a otro deficiente emocional.

"Eh, tú, dime algo bonito".
"Mírame, mírame por dentro".
"¿No ves que llevo el corazón a flor de piel?"

Pero no importa.
Nada de eso importa.
No importa lo que tengas por dentro.
Por dentro puedes estar vacía.
O ser horrible.
O ser una persona de mierda.
Solo importa lo que tengas por fuera.
Si eres bruta, tonta o pobre,
puedes compensarlo con belleza.
Así que más te vale.

Más te vale que te mates a hacer repeticiones en el gimnasio como una idiota para que te miren y te quieran follar.

Coge una muñeca hinchable del suelo.

Solo importa que por fuera te parezcas a ella.
No ella a ti.
Tú no eres el modelo a seguir.
Ella lo es.
Y si una se estropea.

Coge otra muñeca.

O no funciona bien.

Coge otra muñeca.

O se le ha caído el culo y le han salido arrugas.

Coge otra muñeca.

O te cansas de follarte a la misma, se repone y punto.

Coge otra muñeca.

¿Nunca has tenido una tortuga,
una de esas tortugas asquerosas que estaban encerradas en una pecera?
Se moría una y aparecía otra.
La lanzaban por el retrete y traían a otra.
Mi madre traía una tortuga nueva
y la metía en la pecera,
como si no hubiera pasado nada.
Casi no podías distinguirlas y daba igual
porque ni siquiera les tenías cariño.
Traes la tortuga,
aunque tenga otro número de serie grabado en el caparazón,

y la metes en la pecera hasta que muere.
Y repites todo desde el principio.
Y haces lo que quieras con ella.
Le das de comer lo que tú quieras.
Puedes no darle de comer y dejarla morir.
Incluso puedes darle algo en mal estado
y ver cuántos días tarda en morir.
Solo tienes que traer otra y meterla en la pecera.
Ni siquiera tienen que parecerse.
La vida es una pecera.
La vida es una pecera del barrio rojo de Ámsterdam.
Coges la tortura, la usas, la tiras y traes otra.

Sigue bailando con toda la fuerza.

Tu inteligencia no me importa.
Solo me importan tus tetas.
Y esas caderas.
Tu inteligencia es proporcional al tamaño de tus
tetas.
Tu inteligencia la mido por el tamaño de tus tetas.
A mayores tetas, menor inteligencia.
Tu inteligencia no me sirve para nada.
Tu inteligencia no me interesa para nada.
Tu inteligencia me molesta.
Es un estorbo tu inteligencia.
Solo quiero que te muevas por la sensualidad
y no la inteligencia.
¿Por qué escribes cosas tan tristes?
¿Por qué escribes esos bodrios?
Con esas tetas que tienes.
Con esas tetas que tienes nadie diría que escribes
cosas tan feas.
Solo me importan tus tetas y no tu sufrimiento.
Qué desperdicio.
Qué desperdicio, niña.
Tú eres bollera porque no has probado una buena
tranca como la mía.
Necesitas una buena follada.
Te la metía por todas partes.

Mi polla te descubre el sentido del mundo,
de la vida, de tu sexualidad.
¿También le decís follar aunque no haya una polla?
Pero te respeto.
A mí las lesbianas me encantan.
Las lesbianas son lo que más me gustan.
Me ponen como un hijo de puta cachondo.
¿Cómo puede ser que a ti te guste comer coños?
Con esas tetas que tienes.

Oye, tú, la nueva... tienes que mover un poco las tetas cuando haces entrevistas.
Esas tetas no pueden estar frente al ordenador.
Tienen que salir a la calle.
Nos vas a conseguir miles de seguidores.
Tienes que ser como esas periodistas,
esas que parecen tontas,
que las contratan por sus tetas y no por su inteligencia.

DOG FACE: Papá, papá, mi jefe me dice cosas horribles.

TESEO: Así es la vida.
Gilipollas así te vas a encontrar en todas partes.
No te hagas la pobrecita.
No me vengas llorando.
Peleas y punto.
A mí también me pasan cosas en el trabajo
y no voy por ahí lloriqueando a todo el mundo.

DOG FACE: Papá, papá, me han echado del trabajo cuando le dije que no pusiera sus manos encima de mí.

TESEO: Bienvenida al mundo real.
Coges la tortuga, la tiras y traes otra.
A mí en el trabajo no me pasan esas cosas.
Nunca he tenido ningún problema así.
Qué casualidad que allá donde vas tienes un problema.
Eso que de pequeña eras bien tímida,

que casi no hablabas.
¿No deberías ir un poco más en esa dirección?
¿No deberías dejar de ir proclamando tu sufrimiento
a los cuatro vientos?

DOG FACE: Papá, papá, dime algo bonito.

TESEO: Necesitas tener más autoridad,
más presencia para que los demás te respeten.
Me duele que una hija mía no tenga dignidad.

DOG FACE: Papá, papá, alguna vez, aunque sea un rato,
me gustaría hablar de mí,
que me conozcas de verdad.
Pero no te enfades, no te vayas, por favor.
Puedes decirme lo que quieras, pero no te vayas.

TESEO: ¿Dónde está tu madre?
Métete en tu cuarto y déjame en paz.
Necesito algo de contacto,
un poco de refugio sexual,
sentir algo físico sin grandes implicaciones
emocionales,
algo que alivie el dolor de una vida vacía y mediocre.

DOG FACE: Papá, papá, cuando me miras,
¿soy la hija que querías?
¿Alguna vez vas a decirme que me quieres?
¿Alguna vez has sentido que me quieres?

TESEO: ¡No llores más!
No quiero verte llorar.
Quiero verte pelear.
En esta familia peleamos.
Nuestro valor es la fortaleza.
Nos caemos, nos levantamos y seguimos peleando.

DOG FACE: A veces me llama por teléfono,
sobre todo cuando está borracho.
Pronuncia mal.

Las palabras le pesan en la boca.
Imagino su boca asquerosa y me da asco,
pero nunca cuelgo el teléfono.
Me habla de fuerza y yo le hablo de amor.
Me habla de debilidad y yo creo escuchar te quiero.
Nunca es indulgente.
Nunca da tregua.
Nunca baja la guardia.

TESEO: Siempre tiene que haber un cazador y una presa.
¿Qué papel eliges tú?
Uno tiene que exterminar y el otro ser exterminado,
ser exterminado con toda la violencia
hasta su aniquilación,
hasta el final.
Entras a matar y persigues la presa
hasta no dejarle una sola gota de sangre.
Y una vez que empiezas no paras.
En el amor es igual.
Aniquilación y no entrega.

DOG FACE: Yo tengo, papá, una tendencia natural a la entrega. Soy como un animal cuando se trata de amar.

TESEO: En el sexo está permitido ser como un animal,
pero no en el amor.

DOG FACE: Yo soy como una bestia cuando amo.
No puedo soportar más tiempo la forma en que amo.
Mi forma de amar invierte al amante y lo ama.
Le obligo a mostrar su lado más aterrador
y lo amo más que nunca.
Lo amo más allá de la ficción que he creado de la persona que amo.

TESEO: ¿No te cansas siempre de dar?
De dar y dar,
de entregarte hasta que no te queda nada
y no recibir nunca nada a cambio.

DOG FACE: Ya no tengo límite, papá.
No sé ver dónde está el límite.
Lo hago todo por complacer a quien se me ponga delante.
Y me llevo una hostia en todo el corazón.
Y te lo vuelvo a ofrecer en las manos para que hagas lo que quieras con él.
Lo aprendí contigo.

TESEO: Odio que llores.
Odio tu puta fragilidad.
Y odio a este puto perro que tienes.
Todo el día llorando, moribundo, cagándose encima...
¿No te parece patético buscar el amor en un puto animal?
No le estás dando el lugar que le corresponde a un animal.

DOG FACE: Eres frío, papá, como un trozo de hielo.
Y yo haría cualquier cosa por ablandártelo,
por complacerte.
Era capaz de incendiarme por dentro para calentarte el corazón,
pero nada era capaz de conmoverlo.

TESEO: Te espera todo el día.
Espera que atravieses la puerta y le acaricies.
Cada vez que oye unos pasos,
se acerca todo lo que puede,
hasta donde la cadena le permite y tira, tira, tira...
haciéndose daño.
Necesita tanto esa caricia que no le importa hacerse daño.
No le importa el frío, el hambre, la lluvia.
Sigue esperando todo el día.

DOG FACE: Papá, papá, me siento triste la mayor parte del tiempo.

Es que miro por la ventana y siento todo arder.
Veo a la gente caminando.
Los pájaros saliendo de la copa de un árbol.
El cielo está más azul que nunca.
Veo la vida.
Veo la vida a través de mi ventana
y la veo hermosa, suave, tierna,
como una marea baja que acaricia la pierna de un niño.
No hace daño a través de mi ventana,
pero yo por dentro estoy ardiendo.
Y ni siquiera la visión de una vida que parece tan hermosa, tan real me salva de mi propio incendio.
Y nunca te lo he dicho.
Nunca te he expresado mi propio sufrimiento,
mi propio dolor.
Tampoco a ella.

Mon Coeur, sé que me vas a dejar.
Llegarás un día y yo, sin saberlo, me dejarás.
Sin saber de tu cansancio.
Sin saber de tu dolor.
Contigo nunca se sabe.
Contigo nunca se sabe cuándo estás mal.
Eres como tu perro.
Se tumba al lado de tu cama y das por hecho que está siempre bien, que nunca sufre.
O al menos eso crees porque no pueden comunicarlo, pero realmente no lo sabes.
Hasta que un día, de repente, sin saber por qué, te muerden.
Tú harás lo mismo conmigo.
Y te irás.
Contigo nunca se sabe.

TESEO: En el fondo es como si te gustara sufrir,
como si solo supieras sufrir
o solo hubieras nacido para eso.
Como si la única forma de vida posible fuera esa

y tuvieras que recordarte continuamente que no puedes ser feliz, que nadie tiene permitido ser feliz en un mundo como este.
Ya hay bastantes problemas.
Ya tengo bastante problemas como para que me quieras añadir más.

DOG FACE: Mis sentimientos.
Mi oscuridad.
Mis heridas.
Mi miseria.
Solo es el sufrimiento de una mujer.

TESEO: Y por eso nadie quiere leerte.
Y por eso nadie quiere verte por dentro.

DOG FACE: ¿Es que a nadie le importa?
¿A nadie le importa?
Niñas, mujeres, animales.
A nadie le importa el sufrimiento.
A nadie.
¿Es que a nadie le importa?
Por favor, por favor, por favor.
A nadie le importa.
A nadie le importa.
A nadie.
A nadie.
A nadie.

TESEO: Sonríe, guapa.
Solo me importa que me sonrías,
aunque por dentro estés jodida.
Jodida y vacía.

La coge por la mandíbula.

Un poco más.
Una sonrisa común.
Nada extraordinario.
Lo común vale.

La suelta con irritación.

No me hables de tu dolor.
Tu dolor es la base del funcionamiento del mundo.
No lo conviertas en algo fuera de lo común.
Es algo cotidiano.
Y sonríe.
Así, calladita... que estás más guapa.

DOG FACE: Papá, papá, ¿te avergüenza lo que soy?
¿Te avergüenza que ame a otra mujer?

DOG FACE coge las muñecas del suelo y las besa, una tras otra, dejándolas con cuidado en el suelo. Los vaqueros salen a la pista. Rodean a DOG FACE.

COWBOY 1: Salope!

COWBOY 2: Salope de merde!

COWBOY 3: Putain!

COWBOY 4: Va te faire enculer!

Los vaqueros empiezan a dar una paliza a DOG FACE. TESEO lo mira todo sentado en su silla sin hacer nada.

DOG FACE: Cada insulto es una bala perforándome.
Cada golpe es una bala perforándome,
como aquella noche,
la noche de los tiroteos.

TESEO: Es el precio a pagar.
Esta clase de rebeldía tiene un precio.
Hay que restaurar el orden que tú has alterado con tu puto lesbianismo, ¿entiendes?
Tu cuerpo no tiene esa finalidad en el mundo.
Ellos van a revelarte tu finalidad.
Tu lugar en el mundo.

Los vaqueros comienzan a violar a DOG FACE. TESEO sigue sin hacer nada.

DOG FACE: Papá, papá, ¿por qué el amor despierta un odio tan incontrolable?

TESEO: Te lo he dicho mil veces.
No quiero tener que recogerte sin vida de un callejón.

DOG FACE: Papá, papá, mira qué especial soy.
Ha sido otro tiroteo.
Otro Bataclán.
Un tiroteo solo para mí.

TESEO: Nadie hablará de eso mañana.
Cada noche hay miles de tiroteos.
Es lo que les ocurre a los que salen así a la calle, como tú, confiando en la bondad de la gente a pecho descubierto.
Acaban en un callejón.
Solos y tirados sin vida en un callejón.
Está bien que hagas tu pequeña resistencia.
Todos queremos ser especiales, pero mira aquel chico, Samuel y tantos otros.
Lo mataron.
Acabó muerto en la calle.
No puedes ir por ahí amando libremente, confiando en la bondad de la gente a pecho descubierto.
Puedes aparecer muerta en cualquier momento.
Puedes aparecer con la cabeza abierta en cualquier momento.
No puedes ir por ahí besando a quien te plazca porque confías en la bondad de la gente.

DOG FACE: Papá, papá, ¿alguna vez alguien me mirará por dentro?

Me refiero de verdad, mirarme por dentro
y no sentir miedo.
Y amarme con tal profundidad que pierdan la razón,
que se vuelvan animales,
que me amen como un animal.

TESEO: A nadie le importa lo que tienes por dentro.
Solo les interesas por lo que les haces sentir
y no por lo que eres en realidad.
La utilidad de las cosas.
Tu utilidad en el mundo es esta.
Tu aportación al funcionamiento del mundo es esto.
Se establece por lo que nos haces sentir,
nunca por lo que eres.

DOG FACE: Solo quiero ir caminando por la calle
y que alguien se pare y me diga:
"Qué guapa eres,
qué puto cerebro tan bonito llevas".
De cualquiera, de cualquier desconocido.
Y que piense:
"Me muero por follarte los pensamientos
aquí mismo".
Que alguien me desee de esa manera.
Y pueda dejar de castigarme un segundo
por no ser tan joven ni tan guapa.
Por no tener el cuerpo perfecto ni las tetas tersas.
Y que solo tu manera de pensar les haga
enloquecer.
Enloquecer de amor y no de violencia.
No quiero despertar la violencia que despierto por
lo que soy,
por lo que escribo,
por lo que pienso.

TESEO: Ya está dentro.
No importa lo que hagas.
Es una violencia que está dentro.
Necesitan sacarla fuera,
sacar toda la violencia,

todo el odio,
todo lo que está dentro.
Y no confíes en la gente.
Te harán creer que sí puedes.
Te tratarán con ternura,
con una ternura enorme,
con tanta ternura que no serás capaz de procesarla
y solo el miedo a perderla hará que te paralices.
Y cuando empieces a confiar,
cuando empiezas a creer que de verdad mereces
todas esas libertades,
justo cuando estás tan cerca de rendirte y
entregarlo todo,
cuando estás tan cerca de confiar en alguien,
justo en ese momento te destrozarán.
Y la caída es casi mortal.
Justo cuando tú eras más vulnerable
e ibas a pecho descubierto.
Y luego no me vengas llorando.
Porque te avisé.
No me valdrán tus lágrimas.
A mí las lágrimas no me ablandan.
Al contrario.
Me ponen furioso.
Me ponen furioso de la hostia porque no soporto la
gente débil.

DOG FACE: Papá, papá, yo quería trascender.
Yo quería ser algo más que esto.
Quería escribir.
Ser alguien por lo que escribo.
Darle sentido a la vida con mis palabras.

TESEO: No vas a trascender.
No eres nadie.
No eres nadie para la vida.
Ni para el arte.
Tus historias no son las grandes historias.

Tus premios, tus reconocimientos, tu doctorado, tus artículos de mierda... no son nada.
Solo eres esto.
Este es tu lugar en el mundo.
Tu lugar en el mundo es ser carne de consumo.
Y si te están violando ahora es para que entiendas cuál es tu lugar en el mundo.
Hasta que lo entiendas...
¿cuánta violencia eres capaz de soportar?

Los vaqueros siguen violando a DOG FACE sin parar, uno detrás de otro, manipulándola como una muñeca inerte.

A ti el amor no te pertenece.
Ni las grandes historias.
No eres portadora de nada.
Cuando matan a un hombre,
se mata su cultura con él.
Esas son las grandes pérdidas.
Y por eso la vuestra es una muerte menos trágica, menos profunda.
Estáis por fuera de las grandes pérdidas.
Por fuera de los asuntos trascendentales.
De las obras de arte.
De la cultura.
Cervantes, Shakespeare, Caravaggio, Bach.
No te atrevas a comparar vuestro sufrimiento con el de un hombre.
Repítelo.
Dilo.
Repítelo.

DOG FACE: Te amo.

TESEO: Lárgate.

DOG FACE: "Lárgate" es una nueva forma de decir "Te amo".

TESEO: Bollera.

DOG FACE: Es sinónimo de "Amor mío".

TESEO: Salope de merde!

DOG FACE: Significa "Preciosa".

TESEO: Puta. Estúpida. Engreída.

DOG FACE: Si me dices "Puta", entenderé "Vida mía".
Un nuevo lenguaje solo para mí,
como esos hermanos de la película.
Dentro de mis muros invento mi propio lenguaje.
Dentro de mis muros, poseo las palabras para renacer de ellas.
Renazco de las palabras que me expulsan y me hacen daño.
De lo expulsado, renazco.
De lo expulsado, te escribo una historia de amor y un final feliz.

TESEO: Es una secuencia muy sencilla.
Cogito ergo sum.
Pensamiento, logos, poder.
Poder hablar.
Poder consumir.
Poder violar.
Son los únicos poderes que importan.
Tu sufrimiento no es un poder.
Es todo lo contrario a un poder.
Tu sufrimiento no tiene lugar en la escala de poderes.
Sufrir, hablar, vivir, sentir, violar.
Son poderes reservados a los hombres.
Y por eso vuestro sufrimiento no vale nada.
Y por eso vuestra muerte no es una gran pérdida.
Repítelo.

DOG FACE: Te amo.

TESEO: Zorra.

DOG FACE: Te amo. Te amo. Te amo.
Lo escribiré en cada puente.

TESEO: Nadie te ama a ti.
Nadie te ama por lo que eres,
sino por lo que les haces sentir.
Repítelo.
Cogito... ego cogito.
Ego, ego, ego.
Yo.
Tú no estás detrás del yo.
Solo está el hombre.
Y tú no respondes si digo la palabra "hombre".
Yo soy el pensamiento,
el conocimiento,
la verticalidad,
la puta comunicación con Dios.
¿Quieres hablar con Dios?
¿Quieres encontrar el puto sentido de todo?
A mí eso me pertenece.
Yo soy Dios y tú estás por fuera de eso.
Repítelo.
¡Repítelo!
¡Repítelo!
¡Repítelo!
¡Repítelo!
¡Repítelo!

Los chicos terminan de violar a DOG FACE. Permanece en el suelo, llena de sangre y golpes, con la mirada perdida.

Estás por fuera de la humanidad.
Estás por fuera de la cultura.
Por fuera de las grandes pérdidas.
De las grandes historias.
A ti no te pertenecen las grandes historias.
No puedes escribirlas ni protagonizarlas.

No tienes derecho a esa trascendencia.
Estás por fuera de las guerras,
de los genocidios, de la Historia.
Estás por fuera del amor.
No hay responsabilidad con lo que vive por fuera del hombre.
Y por eso puedes ser abusada y explotada hasta la muerte.
Por eso puedo ser violada hasta la muerte.
Ni tu sufrimiento,
ni tu dolor,
ni nada que tenga que ver con tu patética
e insignificante vida importarán nunca.
Porque tú no respondes si digo la palabra "hombre".

Mi vida, mi corazón:

Esta es la última vez que te escribo.

Ya no te escribiré el final feliz que te prometí.
Ya no escribiré las trece formas de declinar tu nombre.
Ya no escribiré tu voz trasnochadora naciéndome de nuevo,
biografía tardía de dos palabras: *Mon Coeur*.
No escribiré ninguna historia de amor,
ni la última vez que tu boca reescribió la mía,
ni un amanecer cualquiera con tu cuerpo desnudo
emanando de mis dedos,
la nota absurda sobre el espejo del baño,
cómo tu sexo moría en mi mano,
cómo el mundo se medía con tu latido
en la palma de mi mano,
haciendo al tiempo escapar de sí mismo.

Renuncio a la escritura, medida de mi dolor,
de mis miedos y mis victorias.
Si el sexo es una vocal, renuncio.
Si mi boca es una vocal, renuncio a mi lengua.
Si de tu vientre nace una nueva lengua, la devoro
para luego vomitarla.
Renuncio a la insatisfacción constante de vivir y escribirlo.
A la razón, al poema y a tu ausencia.
Mis manos renuncian a escribir el dolor del mundo,
el dolor de tu muerte
y racionalizarlo.
Doy a luz a todas las palabras que crecen dentro de mí
y las abandono a la altura de tu pecho para dejarlas morir,
como a un recién nacido.
Escupo poemas en todas las direcciones,
rabiosa,
enloquecida,
arañando como un animal la tierra en que voy a enterrar
cada verso.

Ya no soy capaz de usar las palabras y no hacer daño.

Ya no soy capaz de usar las palabras y no hacerme daño.

Renunciando a las palabras renuncio a mí misma
y a este juego insoportable de muerte,
desamor y dolor que escribo incansablemente.
Salgo del nombre y de la sílaba,
que agotan y deforman lo que siento,
lo que pienso,
lo que aún no ha nacido y espera ser nombrado.
Y me adentro en este laberinto de perderme y encontrarte,
de palabras que una vez te dije
y que ahora son cuerpos que vienen a morir a la altura de tu pecho.

Solo puedo amarte como un animal.
Solo puedo estar en el mundo como un animal.

Voy a salir a las calles sin miedo,
con aire peligroso,
como una bestia,
replegada sobre mí misma,
la cadera quebrada,
reposando el peso de mi cuerpo sobre las cuatro extremidades, en la postura que adoptan las fieras antes de cazar.
Voy a salir desnuda, soez, primitiva,
sin ser consciente de mi propia desnudez.
Y no sentir pudor por ello.
Voy a salir a buscar cualquier resquicio de algo que pueda emocionarme,
como un depredador, un depredador de emociones.
Voy a vivir por fuera de lo humano.
Salir a la calle y matar
todo lo que está por dentro de lo humano.
Solo los animales son capaces de atrocidades así.

Y luego regresaré a casa para tumbarme,
aún desnuda, lasciva, sobre la cama deshecha,
con las piernas abiertas en triángulo y la cabellera negra,
salvaje, indómita, sobre la sábana blanca.

Y te esperaré ahí cada noche,
suplicante,
entre el resplandor de tus líquidos impregnados en el colchón, demandando tu sensualidad penetradora,
que me abre como tierra labrada
para enterrarte dentro de mí.
Te esperaré en la gota de sudor que caía de tu nuca a la cadera y me devolvía a todo lo anterior a la palabra.
Tu cuerpo desnudo destruye la palabra.
El pensamiento, el dolor, aquella noche.

Te esperaré, como en esos cuadros en los que parece que nadie estuviera mirando,
como si estuviera a punto de ofrecerte mi intimidad,
mi pequeña *toilette,*
solo para ti,
como un animal domesticado,
como un perro que se tumba a la orden del amo,
sin importar el frío, la lluvia, la soledad,
mientras suena de fondo la vieja canción de aquella noche,
la noche que te fuiste,
fingiendo escucharla ahora distraída,
dejando que se cuele de puntillas por mi cuerpo
para hacerlo luego estallar desde dentro con violencia.

Nous avons pour nous l'eternité.

Tengo miedo de aquella noche
y de lo que vino después de aquella noche.
Tengo miedo de la oscuridad de mis palabras.
Tengo miedo de la cantidad de oscuridad a la que es capaz de entregarse mi cuerpo.
Mi cuerpo se abandona,
me abandona,
se inclina hacia el precipicio buscando tus dobleces.
Y tengo más miedo todavía de que no estarás ahí, en esa oscuridad, esperándome para salvarme.
Y aunque no pueda dormir,
aunque las ganas de destruir el mundo no me dejen dormir,
no me sentaré a escribir.

El mundo es mi boca amándote después de aquella noche.
El mundo es un ángel cayendo del cielo,
cayendo de esta torre desde la que te escribo por última vez.

Porque ya no soy capaz de usar las palabras sin herirme.
No soy capaz de usar las palabras y expresar mi propio sufrimiento.

Solo puedo amarte como un animal.
Solo puedo estar en el mundo como un animal.

TESEO: Veo, veo.

DOG FACE: Esta vez voy a ganar.

TESEO: Veo a un niño.
Tiene seis años.
Ve a su padre ahogar en la bañera de casa cinco cachorros recién nacidos.
Fue la primera vez que lloré delante de mi padre.
También la primera vez que lo odié.

DOG FACE: También veo a un niño.
La noche que me asaltaron,
la misma noche de los tiroteos.
La noche que me gritaron "salope" por besar a Mon Coeur.
Hubiera confiado en él a pecho descubierto.

TESEO: Veo a mi padre meter a los cachorros muertos en una bolsa y tirarlos a la basura.

DOG FACE: Veo al padre del niño tirarle del brazo para que no se detenga cuando me estaban golpeando y gritando.

TESEO: Veo el contenedor desde la ventana de mi habitación toda la noche por si los cachorros salían de allí.

DOG FACE: Veo todas las cosas que ven los niños.
Esas cosas marcan.
Esas cosas se quedan dentro y luego salen en una o en otra dirección.

TESEO: Veo el contenedor.
No sale nada.
Solo veo a un hombre darle de hostias a una prostituta, escupirle la cara y meterla en su coche.

DOG FACE: Me veo a mí misma besando a Mon Coeur. Veo cuánto odio pueden acumular unos pocos hombres. Horas después, cuánto odio puede acumular una nación entera.

TESEO: Veo las peceras del barrio rojo de Ámsterdam.
No es como aquella puta de la calle.
Son buenas condiciones.
No está sufriendo.
El sufrimiento es importante.
Nadie quiere sufrir.
Si eliminas el sufrimiento, todo está permitido.

DOG FACE: Veo Jerusalén.
Veo el juicio.
Veo a ese tipo completamente impasible
en aquella jaula de cristal.
Asesinaba a miles de judíos al día
en su casa de los horrores.
No mostró repulsión ni arrepentimiento.

TESEO: La culpa y el arrepentimiento no sirven para nada.
Solo cuentan los hechos, lo que haces.
Y haces lo que tienes que hacer y sigues adelante.
La vida está jodida y sigues adelante.
No como tú, que te quedas estancada en tu dolor
y ni siquiera tienes ni puta idea de lo que es de
verdad el dolor.

DOG FACE: Veo su cara de asco cuando es acusado de matar a golpes a un chico.
Se queda horrorizado.
La idea de torturar y reventar un cuerpo a patadas
le revolvía las tripas,
pero mandar a millones de personas a una cámara
de gas le parecía razonable.
Era una muerte limpia, sin sufrimiento.

TESEO: El sufrimiento es importante, nadie quiere sufrir.
Si eliminas el sufrimiento, todo está permitido.

DOG FACE: Me veo a mí misma.
Yendo a todas las discotecas, buscándola.
No hay luz ni ventanas.
No sé si lo que veo es una sala de discoteca,
una sala de exterminio o una sala de un matadero.

TESEO: No veo ninguna diferencia.

Silencio.

Veo mis pies manchados de sangre.
Veo muchos cuerpos.
Tampoco hay luz ni ventanas.
Les rocían con gas o dióxido de carbono para que
les ardan los pulmones y la garganta.
Alguno ya estaba muerto por el hacinamiento.
Los otros, al verlo allí tirado, le tocan para que
despierte, pero es un peso muerto.
El cuerpo solo se mueve unos milímetros por la
inercia y después regresa a su posición,
cayéndole el rostro contra el suelo como un plomo.
Las articulaciones están deformadas por el encierro.

DOG FACE: ¿Es un matadero?

TESEO: Puede ser.

DOG FACE: ¿Un campo de concentración?

TESEO: Dímelo en francés.

DOG FACE: *Centres de mise à mort.*

TESEO: Todo duele menos si lo dices en francés.

DOG FACE: No veo ninguna diferencia.

TESEO: Tienes que encontrar siete, siete diferencias,
pero si encuentras una, una única diferencia,

lo consideraré suficiente para declararte ganadora del juego.

Silencio.

Veo un camión.
Los traen para morir.
Para ser explotados y morir.

DOG FACE: ¿Animales?

TESEO: Puede ser. Se transportan animales para ser explotados y morir.

DOG FACE: ¿Mujeres? ¿Niñas?

TESEO: Se transportan mujeres y niñas para ser explotadas y morir.

TESEO: ¿Seguimos?

Silencio.

Veo números.

DOG FACE: Son mujeres.

TESEO: Números.

DOG FACE: Niñas.

TESEO: Números.

DOG FACE: Animales.

TESEO: No conocer sus nombres significa asegurar el estado impersonal en que los mantienen y hace que duela menos su muerte.

DOG FACE: Mujeres.

TESEO: Puede ser.

DOG FACE: Animales.

TESEO: Una sola diferencia.

Silencio.

Continuemos.

Silencio.

Si algunos llegan enfermos, lo que significa que no sirven para nada, los meten en un camión, los llevan a un hoyo y los vierten allí.
Los entierran o los queman.
En cualquier caso, vivos.
Matarlos sería un gasto innecesario de tiempo.
Si te pones enfermo, tienes dos semanas para curarte o morir.
Si la función del enfermo es reemplazable, va a la cámara de gas.
Coges la tortuga, la tiras por el retrete y traes otra.

Silencio.

DOG FACE: Me veo a mí misma cayendo,
precipitándome una y otra vez,
inevitablemente,
inútilmente
a la entrega,
como esas mujeres de los cuadros,
en un estado absoluto de sumisión y obediencia que me asquean.

TESEO: Y si la entrega no es espontánea, natural...
se somete por la fuerza.
A mayor fuerza, mayor deseo.

DOG FACE: Me veo a mí misma buscando amor
desesperadamente,
inútilmente,
ofreciendo todo a cambio de nada,
dejando mi amor desperdigado,
como el sexo de todas esas mujeres demarrado en el suelo de la discoteca, como las tripas de un animal en un matadero.

TESEO: Siempre hay un sacrificio por alguna de las partes.

DOG FACE: Mi amor es un matadero.

TESEO: No veo ninguna diferencia.

Silencio.

¿Continuamos?

DOG FACE: *La caza del león*, Rubens.

TESEO: Cuanto mayor es la resistencia, mayor es el placer.

DOG FACE: *La violación de las hijas de Leucipo*, también Rubens.

TESEO: No puedo ver ninguna diferencia entre ambos.

DOG FACE: Todo responde a un mismo deseo.

TESEO: ¿Y no has visto ya que el deseo está por encima de la moral?
Sigues empeñada en hablar de la moral,
en regirte por la moral.
Y no acabas de entender que la moral y la justicia son cosas distintas.
Y que la moral no sirve para nada.

DOG FACE: Ni el sufrimiento.

Silencio.

TESEO: No has encontrado la diferencia.
Te declaro perdedora del juego.
Es hora de terminar con esto.

Silencio.

No te he preguntado cómo quieres morir.

Silencio.

DOG FACE: Papá, papá... ¿tú me ves por lo que soy o por lo que te hago sentir?

TESEO: He pensado demasiado en esa pregunta.
Nadie quiere una muerte dolorosa.
El sufrimiento es importante.
¿Cómo quieres morir?
He venido hasta aquí para matarte,
para matar a la bestia en el laberinto.

DOG FACE: Soy yo, papá, la que ha venido aquí para acompañarte a morir.
Soy yo la que debería preguntarte cómo quieres morir.

Al fondo se ilumina una cama de hospital en la que duerme TESEO, más envejecido, entubado y conectado a varias máquinas. DOG FACE se acerca, acompañada por un joven TESEO.

DOG FACE: Dijeron que ibas a morirte en cuestión de días.
Nadie ha venido a despedirse de ti,
ni siquiera mamá.
Y todavía no te vas.
Tu terca resistencia a morir.

TESEO: ¿De verdad lo has dejado todo para acompañarle... para acompañarle a morir?

DOG FACE: Por si no fuera poca la desgracia que nos diste en vida, peor aún era lo que me tenías reservado para tu muerte.

TESEO: No lo hagas.
Que se muera... solo en esta cama... ni le toques.
Ha sido un hijo de puta contigo.
Merece sufrir.
Y morir solo.

DOG FACE: Y ni siquiera eres nada.
Ni siquiera eres ya un padre ni un hombre.
Solo eres un saco de mierda que se caga encima,
que caga las sábanas,
que escupe la comida,
me insulta.
Y aún así tu sufrimiento es más importante que el mío.

TESEO: ¿No has aprendido nada de todo esto?

DOG FACE: Tengo un problema con los límites.
Y con la entrega.
No soy capaz de decir no.

Coge una esponja, la estruja y empieza a lavar a TESEO.

Papá, ¿puedes expresar tu propio sufrimiento?
¿Sientes dolor?
Probablemente sientes mucho dolor, solo que no puedes expresarlo.
¿Eres capaz de sentir amor?
¿Eres capaz de expresar amor?
¿Cuántos hombres conoces incapaces de expresar las emociones más básicas?
¿Y de sentirlas?
¿Qué tendríamos que hacer con vosotros,

con los hombres que no sienten nada y nunca
expresan nada?
¿Y con aquellos que solo experimentan las pasiones
más bajas y perversas?
El asco,
la rabia,
la ira,
la envidia,
el deseo de matar,
de golpear,
de violar.
Deficientes emocionales, distantes, inexpresivos.

Carga su cuerpo a la espalda para darle la vuelta. Toma la esponja y sigue limpiándole.

Y tú, papá, ¿qué aportas al funcionamiento del
mundo?
En esta cama, medio muerto, ¿qué aportas?
¿Eres capaz de reconocer a alguien?
¿Eres capaz de decir "no"?
Es una secuencia muy sencilla.
Pensamiento, logos, poder.
El hombre responde cuando dicen "hombre".
Y tú, papá, ¿respondes?

En esta cama, medio muerto, ¿sabes lo que es la
vida? ¿Y la muerte?
¿Puedes pensar la muerte, como idea, como
imagen?
¿Eres capaz de pensar en el pudor?
¿Eres capaz de sentir el sufrimiento de los otros?
¿Y tu propio sufrimiento?
¿Y en la soledad, como la ballena?

Y todas estas mujeres, una niña, una yegua, tu hija...
¿Sientes pudor por ello?
¿Ríes?
¿Lloras?

No es el amor, papá.
Me ha costado mucho verlo.
No es el tiempo.
No es la bondad.
Solo es el hombre.
La violencia de los hombres es la medida de las cosas.
Y por eso ya nadie puede ir por ahí amando la vida a pecho descubierto.

No has tenido suficiente con joderme la vida.
No has tenido suficiente con explotarme y abusarme que también niegas mi sufrimiento,
nuestra capacidad de sufrimiento.

En esta cama, medio muerto, ¿cómo vas a hacer para castigarme por expresar mi propio sufrimiento?

Pero es que yo ya no puedo expresar mi propio sufrimiento. De tanto guardarlo dentro ya no sé cómo sacarlo de mí.

TESEO joven se acerca con los otros cuatro vaqueros.
La rodean.
DOG FACE se levanta.
Mira a lo lejos a MON COEUR.

DOG FACE: Te echo tanto de menos que duele.
Me duele mucho.
Me duele mucho aquí dentro.
Me duele mucho la vida.
Ya no podré ir nunca más por ahí amándote a pecho descubierto.

Baila con toda la fuerza en mitad de la sala a ritmo de techno.
La sujetan por todas las extremidades.
TESEO se arranca los tubos y se levanta de la cama.

Se dirige a DOG FACE.
Cada embestida suena como una bala, como un tiroteo.
Los vaqueros empiezan a violar a las otras mujeres de la sala.
Las paredes, como las de un matadero, sueltan una descarga al contacto de las manos de las mujeres que intentan escapar.
Más ruidos de tiroteo.
DOG FACE tirada, sin fuerza, mezclándose con la sangre de los otros cuerpos.
TESEO se arrodilla para recoger el cuerpo de DOG FACE.
Levanta su cabeza.
Coloca un hierro alrededor de su frente para electrocutarla.
Presiona un aparato.
El cuerpo de DOG FACE convulsiona.
Presiona de nuevo.
Luego la coge, ya muerta, para subirla a la línea de procesamiento.
Le da un pequeño corte en la garganta y deja que se desangre.
DOG FACE cuelga del techo atada por los pies junto a otras mujeres, niñas y animales.

Ruth Gutiérrez (Santander, 1987) es Doctora Cum Laude en Estudios Hispánicos por la Universidad de Oviedo y por cuyas investigaciones recibió el Premio Extraordinario de Doctorado. En 2018, *Los amantes sobrehumanos*, su primera obra, gana el Premio Born de Teatro. En 2021, le otorgan el Premio SGAE de Teatro Ana Diosdado por su obra *La ausencia de los mundos asimétricos*. Asimismo, es fundadora y directora de la compañía de teatro La Bestia, con la que estrena sus propias obras e imparte clases y talleres sobre creación literaria e investigación escénica.